JN015183

人生の法則

岩崎哲学研究所所長
九州大学名誉教授
大阪商業大学特任教授
岩崎 勇

岩崎哲学研究所
副所長
四海雅子

幻冬舎MC

人生の法則

目　　　次

（執筆担当　岩崎：第3章以外の部分、四海：第3章）

幸せで楽しい日々を過ごしていますか。
他の人に感謝し親切にしていますか。

自分の人生の座標軸としての自分軸を持っていますか。

そして人生には「人生の法則」があることに
気づいていますか。

少し深〜い人生の法則のお話です。

さあ！　本書を読んで一緒に夢を叶え
成功し幸せになりましょう！

はじめに

　本書を手に取ってくれた人は多分本書の「人生の法則」に従って**輝く未来を切り拓き、夢を叶え幸せな人生を送りたいと**思い、この本を読まれていると思われます。それでは**どのようにすれば夢を叶え幸せに生きることができるのでしょうか。**

　本書は長年に及ぶ岩崎哲学研究所[1]における人生哲学についての研究、九州大学大学院のコーポレート・ガバナンスについ

---

[1] 岩崎哲学研究所のホームページ（https://saita2.sakura.ne.jp）を参照して下さい。

ての授業やゼミ及びFM福岡のモーニングビジネススクール[2]やイブニングビジネススクールでの平成や昭和における経営の神様と呼ばれる稲盛和夫[3]や松下幸之助などの哲学に関する講義や講演内容、そして既に九州大学名誉教授になり、人生の歩み方がはっきりと見えてきた著者が、若い人達が希望に満ち夢を叶え幸せな人生を送る一助となればという気持ちで共著者と共に書いたものです。また、本書の内容は人生の法則に関する深い内容を取り扱うので、老若男女や宗教などを問わず心の回帰点として1000年後でも通じる深い内容のものとなっています（岩崎・四海、5-6頁）。

　本書の作成全般にわたり編集部の竹内友恵氏には大変お世話になりました。この場を借りて心から感謝申し上げます。

---

[2] なお、関連する内容は「FM福岡 QTnet モーニングビジネススクール」で聞くことができます。
[3] 稲盛和夫氏など本書で引用させて頂いた人々は、著者が心から尊敬している人々なので本来敬称を付けるべきであると考えるけれども、一般の書籍と同様に敬称を省略させて頂いています。

第1章

人生の座標軸としての自分軸

本章では夢を叶え楽しく幸せな人生を送るための「**人生の座標軸としての自分軸**」について説明しています。このために「人生というドラマを織りなす経糸と緯糸としての法則」「本当の自分」「成功し幸せに生きられる人」などについて解説しています。

　ここでは夢を叶え幸せ[1]になりたいと願う若さ溢れ希望に満ちた咲（さき）😊（愛称「**サキちゃん**」）が、成功し幸せを摑（つか）んだ仲良しの大成者：幸輝（こうき）😲氏から貴重なアドバイスを受けています。

😊　コウキさん、なぜ「**人生の座標軸としての自分軸**」が重要なのですか。

😲　サキちゃん、これから人生において夢を叶え幸せに生きるための重要なヒントをできるだけ易しく説明するのでしっかり聞いて下さい。

　それではまず「**人生**」についてですが、私たちが「**生まれてきた意義**」としては楽しくやりたいことをやり、なりたい自分になり、欲しいものを手に入れ、自分を取り巻く人達と良好な

---

1 幸せは人生の最高の目的であり、自分で自分に与えることができます。ここで「**幸せ**」とは心が平安で穏やかで心地よい状態すなわち**幸福感**のことです。幸せは外部の状況に関わらず、自己の極めて主観的な心のあり方すなわち幸せである（be happy）という状態です。この場合、今心の平安や喜びなどの幸せを感じる（feel）ことが大切です。このためには、日常的に心の状態（マインドセット：MS）が明るく前向きでポジティブであることが大切です。

人間関係を維持し、社会や環境のために貢献するため、言い換えれば、**明るく楽しく夢を叶え良好な人間関係や地球環境の中で皆と一緒に幸せな生活を送る**ためです。

　そして**人生で自分がコントロールできる最重要なものは「生き方」**です。この場合、**「良い生き方」**[2] とは心が平安で最高善とされる幸せになる生き方（**「心が平安で幸せな生き方」**）すなわち自分の個性と価値観[3] に従って夢や目的に向かって陽気にワクワク[4] して自分らしく生きるという生き方です。

　また、人生において私たちの夢が人生の設計図として描かれ、行動によりそれが実現されていきます。そして、人生は常に選択と行動の連続であり、因果律に基づいて今のあなたは過去の選択と行動の集大成であり、将来のあなたは今の選択と行動の結果です。すなわち、今をどのように生きるのか

─────────────

2 良い生き方として「上善如水」（上善は水の如し：老子）があります。なお、名誉やお金（名利）は良く生きるための手段であり、目的ではありません。「人間性豊かな人間としてやるべきことをすること」が良い生き方です。

3 「**価値観**」とはあるものが他のものよりも価値があり好ましいという確固とした信念・考え方のことで、善悪や好き嫌いなどの価値を判断する場合の基礎をなす物事の考え方のことです。

4 「**ワクワク**」は**オノマトペ（擬声語）**の１つで、良い未来を想像し期待している時に、心の底から湧き上がる心が弾む興奮感や期待感を表す言葉であり、この状態では快感ホルモンであるドーパミンが分泌されています。このように期待するだけでも心は前向きでポジティブになります。反対に不安などで自然に生じるテンションの高い状態が**緊張**であり、ストレスホルモンのコルチゾールが分泌され、普段以上にエネルギーが消耗されています。これを解くのが**リラックス**です。

によって人生は大きく異なってきます。それゆえ、人生はワクワクし情熱をもって夢に向かって、楽しく幸せな道を自由に選択し切り拓いていくことが大切です[5]。

そこで、人生において夢を叶え幸せで生活の質[6]の高い最高の人生とするためには、まず他人や社会の意見・評価や世間体（けんてい）などに依存し、ぶれの激しい**他人軸**ではなく、自分の自由で主体的な思考や価値観に基づき希望に満ちたしっかりとした「人生の座標軸としての**自分軸**」[7]を持ち、自己完結的な人生（**自走人生**）を送ることが大切です。

つまり、他人軸に基づく「船頭多くして船山に登る」ではなく、自分軸に基づく羅針盤と海図を備えた船に乗り、夢を

---

[5] 反対に自分で最良の**選択をしない**ということは自分で主体的に選択しないということを選択しているということです。

[6] 「**生活の質**」（QOL: quality of life）には例えば、心身共にバランスが取れ健康であること、ワーク・ライフ・バランスが良いこと、親しい友人が沢山いて良い人間関係が成立していること、夢を追いかけ日々ワクワクしていること、暮らしに彩があること、心豊かであることなどがあります。

[7] 「**自分軸に基づく生き方**」は自由・自尊・自主性・自立性に基づき「真実の自己に目覚めた」自力による**自立人間**として自分で責任をもって選ぶという選択をする生き方であり、他方、「自暴自棄」や「**他人軸に基づく生き方**」は依存性に基づき「真実の自己に目覚めていない」他力による**依存人間**として自分では責任を持って選ばないという選択を行う生き方です。この生き方は自己の現実を選択し創り出す力を放棄し、他人に託してしまっています。成功し幸せになれる「**自分軸になる方法**」には、真実の自己に目覚めること、自己の明確な意思・信念・価値観を持つこと、自分を好きになること、嫌われる勇気を持つこと、自愛（セルフ・コンパッション）すること、自己肯定感を高めること、自己の存在意義を認めることなどがあります。

叶え幸せな人生を送ることが大切であるということですね。

　そのとおりです。すなわち、**ニーチェの超人のように自分がコントロール可能な目標に集中し、それに最善（ベスト）を尽くすという最善主義の思考習慣**を持ち、**自分自身を人生の主人公とし、主導権を持ってわが道を行くという高い意識と思考・行動習慣を持つことが大切です。自分軸を持つことによって人生に取り組む姿勢が積極的となり、他者と自分との課題分離がなされ、自己の意識が他人や社会による意見や評価という他律的な不安から解放され、自分の価値観や夢などにより忠実で前向きな判断と行動ができるようになります。**

　この自分軸と向上心を持てば生き方に対する高い意識と旺盛な好奇心と自分の力でポテンシャルを高め、成長し続け自主性や創造性も発揮できます。これによって夢の達成がなされ、より一層の社会への貢献も可能になります。

　このような自分軸を持ち大成功している人として例えば、米国メジャーリーグのロサンゼルス・エンゼルスの大谷翔平（しょうへい）選手などがいますね。ところで、ここ（本書）で夢を叶え幸せな人生を送るために「全体を通しての中心テーマ」はありますか。

　ここ（本書）での**中心テーマ**として「**自分軸**」「**マインド**

セット」[8]「習慣」[9] を **3本柱**（トライアングル構造）としています。

　すなわち、夢を叶え幸せな人生を送るためには常に**正しい自分軸・ポジティブ・マインドセット**（PMS）[10]・**多くの良い習慣を持つこと**が大切です。その理由はこれらの3本柱を持つことは自分の価値観に基づきポジティブ思考（PMS）で良い生き方が習慣としてできるので、人生を明るく前向きなものとし、夢を叶え幸せになれるからです。このような自分軸を貫いて人生を送ることの長所・短所は図表1-2のとおりです。

 　ところで、自分軸を優先すると社会との調整（「**自分軸と社会との調整**」）が上手くいかないのではないでしょうか。

　いい質問ですね。勿論、自分軸で人生を送ろうとする場

8「**マインドセット**」とは思考習慣・思考や考え方の癖、思考パターン、価値観、意志、信念などのことです。これは経験や教育などから形成される主観的で個人的な思考です。「思考力」は非物質的で見えないイメージ力（想像力）であると共に、あらゆるものを創りだす力（創造力）を持っています。

9 習慣はやる気を必要とせずに、自動的に物事を行うことを可能とする**潜在意識の機能**です。それゆえ、身口意（行動・言葉・心）のすべての側面で多くの良い習慣を付けることが夢を叶え幸せな人生を送るために大切です。

図表1-1　動機付けと習慣

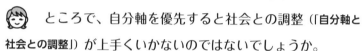

やる気	必要	動機付理論	やる気やモチベーションの向上	両者の活用
	不要	習慣論	習慣による行動	

10　成功・幸福マインドセットである**ポジティブ・マインドセット**（PMS）とは明るく前向きで喜びやワクワク感を感じ挑戦的な本然の心のことです。

図表1-2 自分軸で生きる長所・短所

自分軸で生きる	長所	・人生の主人公は自己であること ・自己の理想的な姿［理想自己］を追えること ・常にぶれない座標軸を持てること ・心の平安が保てること ・自主性や創造性などの発揮 ・成功し幸せになりやすいこと ・自己決定感と自己完結性 ・内発的動機に基づきモチベーションが湧くこと ・ポジティブになれること ・継続的な努力の可能性 ・目標や夢が叶いやすいこと ・やらされ感がなく、ストレスも少ないこと ・自己成長感と自己満足感 ・悔いのない充実した人生 ・逆境に強いこと ・より大きな社会貢献ができることなど
	短所	・明確な自分軸の必要性 ・自分軸で生きる覚悟の必要性 ・他人の評価が厳しいこと ・他人や社会との良好な関係の維持の必要性など

合、その前提として「社会との良好な関係」が保たれなければなりません。そこでここ（本書）では社会との良好な関係を維持するために、自己中心的で利己的な考え方や行動を推奨するものではなく、反対に自利利他的な社会貢献などの考え方や方法が多く含められています。

　すなわち、具体的には例えば、㋐**因果律**（善因善果・悪因悪果）をここの基本的な考え方として道徳的な側面も重視し、常に社

13

図表1-3　人生における座標軸としての自分軸

軸		内　容	説　　明
自分軸	1 前提	(1) 因果律	自己の行為法則：善因善果・悪因悪果など
		(2) 真我	本当の自己（真我）の明確化
		(3) 死生観	自己の死生観の確立→夢・志の明確化
		(4) 価値観	自己の最重要な価値観の明確化（6個位）
		(5) 成功・成長	自己の成功や成長の重視
		(6) 個性	自己の個性を生かすこと
	2 考え方	(1) 一切唯心造	自己の思ったとおりの人生や人間となること
		(2) 自分の理想像	理想的な自分の姿（理想自己）の明確化
		(3) 人生の目的	自己の人生の目的の設定
		(4) 自他一如	自己と他人との相互依存関係性と社会貢献（自利利他・慈愛・シナジーなど）
		(5) 六自力	自己の六つの精神的な力（自由・自主・自立・自律・自尊・自燈）
		(6) 自己肯定感	自己を受容し自己の心が満たされ、自分の生き方を肯定すること
		(7) 積極性	常にポジティブ思考で新たなことに挑戦し、自己の最大の努力をすること
		(8) 内発的動機	自己の自発的な動機に基づくこと
		(9) 自己決定感	自分が自己のすることを決定しているという感覚
	3 行動	(1) 職務の自己目的化	他から与えられた役割・課題などの職務を自己目的化すること
		(2) 習慣化	成功し幸せになれるような良い思考や行動の習慣化
		(3) 自己暗示	自己に積極的な暗示をかけ続けること
		(4) 自愛	（セルフ・コンパッション）自分を思いやりいつも機嫌の良い状態を保つこと
	4 評価	(1) 自己評価	他人評価ではなく、自分の価値観で自分を評価すること
		(2) 自責思考	自分で決定し行動した結果について自分が責任を負うこと
		(3) 自己完結性	自己決定・自己コントロール感・六自力・課題分離・自己評価・自責思考などによって自己完結的な人生とすること

会にとって善いことをすることを勧めていること、㋑**人生の目的**としては自己実現と同時に社会貢献も目指すこと（自己完成）、㋒社会における**役割や仕事**[11] **の自己目的化**という考え方を採用し、それに積極的に取り組むこと、㋓**自他一如**の考え方を採用して他者を自己と同様に思いやること、㋔**慈愛**の考え方を採用して他者に対して優しくすることなどです。

　　よくわかりました。自分軸と社会との調整が上手くなされていますね。

　　そのとおりです。人生における**座標軸としての自分軸**の例として図表 1-3 のようなものがあります。

1　自分軸の前提

　自分軸を考える場合、その「前提」が適切なものでなければなりません。そこでここでは自分軸の適切な前提として重要な「因果律」「真我」「死生観」「価値観」「成功・成長」「個性」について説明しています。

---

[11]　**仕事（労働）**には頭脳を使う**思考（頭脳労働）**と身体を使う**作業（肉体労働）**があります。脳には可塑性があり、筋肉と同様に、使えば使うほど機能が向上します。すなわち脳は学ぶたびに変化し再構築され、新しいことに出会うとそれに適応するためにシナプスを増やし、ニューロンを増殖させて発達させていきます。

（1） 人生というドラマを織りなす経糸と緯糸としての根本法則

👧　人生を豊かに幸せに生きる上で知っておくべき人生というドラマを織りなす「経糸（縦軸）と緯糸（横軸）としての法則」が存在しますか。

👨　はい、あります。自分軸に基づいて幸せな人生を送る場合、その前提としてまず**人生というドラマを織りなす経糸と緯糸としての根本法則**を明確に自覚し活用することが大切です。

　ここでの人生と世界の真相としての**究極の世界観**は、すべてのものは**関係主義的な世界観**に基づきお互いに果てしなく重層的かつ時間的・空間的に密接に関係し繋がっており、①全体としては客観的な存在法則としての**縁起の法**[12]によっており、②個別的には主体的な行為法則としての**因果応報の法則**（「因果律」）によって遂行されているという考え方です。

---

[12]　縁起の法も因果律も東洋思想の中心的な思考の１つです。「縁起」とは因縁生起を略したもので、「存在と関係との関係」について一般的な「存在が種々の関係を創り出す」（「**存在 → 関係**」）という考え方ではなく、反対に種々の「**関係が存在を生じさせ、変化させる**」（「**関係 → 存在**」）と観るものです。この場合、すべての存在は別個独立して存在するのではなく、重層的に密接に関連し時間的・空間的に繋がっています（相依相関性）。これはこの世の中に**固定的で絶対的な存在（実体）はなく、関係性だけが存在し、相対的な関係として存在する**と考えます。また、**縁起の法と因果律との関係**は、「縁起の法」は時間と空間の双方に関連するあらゆるものに関わる相依関係性を示す広い法則であるのに対して、「因果律」は主に時間的な因果関係（例えば、春に朝顔の種を蒔く［因］と夏に朝顔の花が咲く［果］というように）についての法則です。

縁起の法と因果律ですか。難しそうですね。

 　難しくありません。簡単なのでよく聞いて下さい。まず「人生の経糸（縦軸）」として考えられるのが自分を取り巻く環境[14] です。この環境を法則という視点から見れば、図表 1 − 4 のように、それは客観的な存在法則としての縁起の法です。

図表1-4　人生の経糸と緯糸としての法則

（出所）岩崎[13]、19頁。（一部修正）

　ここに「**縁起の法**」とは縁[15] によって生じ縁によって変化するという法則であり、この世に存在する（being）すべてのものは重層的に相互に密接に関係し繋がりながら万物一体的に存在しているというものです。すべての事象は全体として 1 つ（万物一体：oneness）であり、相互に密接に関連し合って関係性によって成り立っています。例えば、「空気があるから私たちは生きられるけれども、空気が存在しなければ私たちは存在でき

13　本書において岩崎は岩崎勇『幸せになれる「心の法則」』幻冬舎 2020 を、岩崎・四海は岩崎勇・四海雅子共著『哲学　輝く未来を拓くために』幻冬舎 2022 を示します。
14　**環境の種類**には例えば、自然環境・社会経済環境・政治環境などの**外部環境**と自己の性別・年齢・性格などの**内部環境**とがあります。
15　「**縁**」とは 2 つ以上のものを結びつける機能を果たすもののことです。

ない」というものであり、事実において私たちは多くの縁（他力）によって成り立ち生かされています。

👧　それゆえに「縁を大切にすること」すなわち自分を取り巻く人々や環境に配慮し良好な関係を築き上げることが重要なのですね。

👨‍🦳　そのとおりです。他方、「人生の緯糸（横軸）と考えられる法則」は各個人の主体的な行為法則としての因果律です。

　ここで「**因果律**」とは**因果応報の法則**とも呼ばれ、ある原因（因）と別の縁（縁）が相互に作用（**因縁和合**）して、一定の結果（果）が生じるという行為に関する法則です。

　すなわち、原因としての行為について一定のプロセスを経て結果が生じるという行為法則です。例えば、春にメロンの種を蒔き、夏までに適当な日光・雨・肥料を与えれば、夏に美味しいメロンが育ちます。すなわち、善い行為については善い結果が生じ（善因善果）、反対に悪い行為については悪い結果が生じる（悪因悪果）というもので、「**蒔かぬ種は生えない、蒔いたとおりに花が咲き、それを収穫するのです**」。

👧　よくわかりました。すなわち、善い結果を期待するならば、「**因縁を正し**」善いことだけを考え行いなさいということ。つまり、「**現在の瞬間**」においては「**因果律**」と「**自由**（選択）

18

性」が両立しており、今の瞬間だけが過去から自己を自由に解放し、新しい未来を切り拓くことができること。すなわち、未来の結果の原因となる思考や行動は今この瞬間において自由にコントロールできるということですね。

　そのとおりです。善いことを行うことは人間本来の姿であり、心の平安を確保し、成功し幸せな最高の人生を送るために最重要なポイントの1つです。

POINT
人生というドラマを織りなす法則

① **人生というドラマを織りなす法則**についての縦軸としては**縁起の法**、横軸としては**因果律**があります。
② 縁起の法では**人間関係や環境を大切に**すること、因果律では**積極的に善いことを行うこと**（善因善果）が大切です。

（2）　本当の自分（真我）

　普段から「本当の自分（真我：true self）とは何か」ということを考えているのですが……。

　なるほど……かなり哲学的な問題を考えているのですね。この「**真我とは何か**」ということを真に理解し自覚すること（「**自己探求**」）は人生を送る上で非常に重要なことです。この

問題を考える前提として、私たちは**同時に2つの世界を生きている**という事実を認識することが大切です。

　ここで「**2つの世界**」とは、①例えば、衣食住や仕事などのように、身体の五感で感じられる目に見える**物質[16]世界**と、②例えば、心・愛や夢などのように、心で感じられるけれども、目に見えない**精神世界**です。すなわち、この世の中には目に見える物質的価値と目に見えない精神的価値があり、両者を上手くバランスさせて生きることが大切です。

　これを前提として「真我」に関する主な考え方には図表1-5のようなものがあります。

図表1-5　真我

考え方	内　　　　容	備　　考
① 身体説	身体（body）を真我とする考え方	直感的
② 心説	心（mind）を真我とする考え方	唯識派など
③ 心身説	心と身体を真我とするという考え方	（社会的に）一般的
④ 魂説	魂・霊・気（spirit）を真我とする考え方	スピリチュアルな考え方
⑤ 無我説	自我は存在しないという考え方	東洋思想
⑥ 汎神論	大宇宙そのものを真我とする考え方	スピノザなど

16　すべての物質は素粒子から構成され、粒子性と波動性の双方の性質（「**粒子と波動の二重性**」）を持っています。この世界は波動（バイブレーション）でありエネルギーです。このうち人間だけが波動を変えることができます。波動が高いほど良いことであり、成功し幸せにもなれます。波動が高い人は一般にポジティブ思考であるという特徴を持っています。この**波動を高める方法**には例えば、マインドフルネスなどがあります。

　第①は「肉体としての身体」を真我とする**身体説**です。この場合、心などの精神作用は脳の活動であると考えるもので、直感的な考え方です。この考え方による場合には、一般に精神面ではなく、身体と同様な物質面を重視する**唯物論**的な傾向があります。

　😊　この説は人間の心を軽視する傾向があり、あまり有用な考え方ではありませんね。

　😑　そのとおりです。第②は「心」を真我とする**心説**です。これは目に見えない心を真我と考えるもので、一般に物質面ではなく心面（精神面）を重視する**唯心論**的な傾向があります。

　しかし、この説は身体を軽視する傾向があり、有用な考え方ではありません。第③は「心身の両者」を真我と考える**心身説**であり、社会的に一般的な考え方です。この説の長所としては心身の両方をバランス良く配慮することですが、反対に短所として「自己の感情と身体を真我と考える」ので、自他分離的な二元論的思考を取る傾向があり、それゆえ、**エゴ**（**自我**[17]）をコントロールすることが難しく、またエゴ的思考が強く、他の人や社会・環境と対立することも少なくなく、さらに心身という自我を甘やかしやすいことなどがあります。

17　「**自我**」とは自己を対象とする認識作用（自我意識）のことであり、不変で固定的な自分が存在すると考えるものです。

よくわかりました。一般的な心身説にも長所と短所があるのですね。

そのとおりです。第④は少しスピリチュアルな考え方であり、「魂・霊・気」(spirit)[18] を真我と考える**魂説**です。その魂は純粋な意識として認識されます。この説では例えば、心身は魂が思考し具体的に活動するための非常に重要な道具として位置付けられるので、例えば、ハサミという道具と同様に、道具をいつもピカピカで良く切れる最高の状態（健康な状態）にしておくことが大切であると考えます。すなわち、心はエゴ（我見）から離れ、より本心良心的で慈愛深くなると同時に、身体は健康な状態にしておくという自己コントロールがより簡単に行え、**心の平安が得やすい**という長所があります。

第⑤は「真の自我は存在しない」（無我：selflessness）という**無我説**です。これは**諸法無我**[19] という東洋思想的な考え方で

---

[18] 魂説では自我と真我とを区別します。そして真我である魂は非物質的な一種のエネルギーであり、創り出すことも壊すこともできません。この説では私たちは肉体と霊体から成り立っていると考えられています。なお、魂などは目には見えず、それを証明することは難しいので、その存在を信じるか否かは各人の判断ですが、信じて生きた方がより良い生き方ができるのは事実です。真我に目覚めることは一般に悟りの1つとされます。この真我は自己に生命活動と意識活動を与え、生かしコントロールしています。

[19] 「諸法無我」とはすべての存在は縁起の法によって生じるものであり、固定的な自我は存在しないという考え方です。東洋思想では無我すなわち「**主宰**」（常に同一で変化しない主体的な存在）はないと考えます。私たちは自己の損得・危険や不快など（の自我意識［自分の好むように変化を望む意識］）に関係のない状況、例えば、物事

す。この説では自我的な主張が少なく円満な性格となり、自我に基づく苦からの解放もなされ、幸せな人生を送りやすくなります。第⑥は「この世のすべてのものは神などがその姿を変えて現れたものであり、真我はこの大宇宙そのものである」という**汎神論**[20]（**大宇宙説**）です。この説によれば他の人を大切にする慈愛深い自他一如的な視点から考え行動することができ、幸せな人生を送りやすくなります。

　　なるほど色々な考え方があるのですね。しかも、例えば、身体説では唯物論的に目に見える物を重視し、心身説では心身の両者を重視するのに対して、魂説では魂を重視するというように、どの説を採用するのかによって重視するものが大きく異なってくるのですね。

　　そのとおりです。それゆえ、自分でよ～く考え、納得する説を採用することが大切です。

に集中し対象と一体化し三昧の時、リラックスして音楽を聴いたり、本を読んだり、散歩やジョギングをしている時など日常的に**無我の境地**〔**無我意識**：[**一切の価値判断を加えず、あるがままの現状を受け入れている自由な意識状態**]〕にいることも少なくありません。**無我の長所**として、⑦歴史的認識をしないこと、⑦他律的に感情的な反応をせず、自己の選択権を行使し自律的に自由に生きられること、⑨無常観や縁起観を持っている場合には変化を柔軟に受け入れられることなどがあります。また、東洋思想では「**諸行無常**」「**刹那消滅**」が説かれるが、この場合に物事の秩序が徐々に壊れていく**エントロピーの法則**、現状を維持しようとする**ホメオスタシス**及び生物などの新たなものを生み出し進化向上する**進化の法則**が存在します。

20　汎神論では各個人に神が宿っており、それゆえ自他は一如であり、その本性は創造性や愛そのものであると考えます。

①「**本当の自己（真我）**」を考えることは成功し幸せな人生を送る上
　で決定的に重要です。

②どの説を取っても全くの自由であるけれども、可能であれば、
　㋐**自己を上手くコントロールでき**、㋑**慈愛に満ち社会貢献を促進
　する**ようなものを採用したいものです。

（3）　死生観と人生の5大事実

①　死生観

　人生を送る上でぶれない自分軸の設定のために、「死生
観が最重要なもの」の1つであると聞いていますが、それはな
ぜですか。

　それは死生観が**人生の質**や**生き方の質**を決定することに
関連しているからです。より具体的には**人生とは私たちが生き
ていると意識している時間であり、時間そのものです。**つま
り、命は現在の瞬間に生きており、人生で最も重要なものの1
つが時間です。しかも「**光陰矢の如し**」です。それゆえ、生存
本能に基づき人生をいかに有意義で濃いものとできるかが人生
の生き方として決定的に大切です[21]。このような「**濃い時間の**

---

[21]　人生における時間には量と質（「**人生の量と質**」）があり、量は生まれてから亡くな

使い方ができる場合」とは自分のしていることが好きでワクワクし、かつそれに価値を感じている時です。

　このような場合には私たちはしばしばフローの状態に入り、していることに夢中になり効率性や成果も上がります。このように貴重な人生を有意義なものとするためには、生存本能に基づくしっかりした**死生観**[22] を持ち、人生全体を俯瞰し達観することによって命の貴重さ・儚さ・生かされていることの有り難さをしっかり自覚することが大切です。

　🙂　なるほど……死生観が確立すると濃い時間の使い方ができるようになるのですね。そして、確立した死生観に基づいて私たちは何のために生き、後世に何を残すのか[23] を考え、人生全体の長期的な**夢**や**人生の目的**の明確化と生き方を決めることができるのですね。

　😎　そのとおりです。この場合、**時間的視野**としては過去・現在・未来の３つがあり、どれに焦点を合わせるのかが問われ

るまでの長さ（寿命）のことであり、これを管理するのが**時間管理**です。他方、質はできる限り夢を叶え成功し幸せな人生を送ることであり、これを管理するのが**質管理**です。このためには時間の使い方や密度を濃くするための**密度管理**が大切です。

22　「**死生観**」とは人生は最終的には死に帰着するすなわち人生は１回限りであり、人は必ず亡くなるという無相の価値観に基づきこの生命の儚さや貴重さ一瞬の命への気づきや自覚から、この人生をいかに生きるべきかという夢や他人に対する慈悲心を持ち、今を全力で生きようなどという考え方や信念のことです。

23　**後世に残すもの**には例えば、思想・生き方・事業・お金などがあります。

ています。このうち「未来志向[24]で現在に生きること」が特に有用です。言い換えれば、生存本能に基づく「死にたくな〜い！」「生きた証（あかし）を残した〜い！」という**自己の有限性への恐怖感からの不死への本能的な願望**に基礎づけられた人生の終点つまり自己の理想的な死に方から現在を見る、すなわち未来を見据え未来の視点から現在を見るという**逆算思考（バックキャスティング）**[25] が大切です。

それに基づいて人生の全体像を把握し、未来の自分の理想的な姿（理想自己）になるために、夢を明確化し、それを達成しようとする真に「人間的生き方」をすることが大切です。

しかし残念ながら、このことに真正面から真剣に向き合わず、過去から現在そして未来へというように、今ある状態から考える**積上思考（つみあげ）**に基づき生きられるから生きているという無意識的で動物と変わらない「動物的な生き方」をしている人が少なくありません。

24　**「未来志向」**とは現在の状況だけではなく、目的志向的にその先を見、考えることができることすなわち航海図と羅針盤を携帯し、未来と密接にリンクする考え方であり、未来の夢や目標を目指して現在を考え行動することです。この場合時間は過去へと流れ去るが、心や言葉は未来へと流れ、未来を形成する力（**「未来形成力」**）を持っています。
25　**「逆算思考」（バックキャスティング）**とは**フォアキャスティング**の反対概念であり、未来のあるべき理想の姿である目標を設定し、そこから振り返って現状と両者の差異（ギャップ）を把握し現在すべきことを考える方法です。

　　　逆算思考で理想自己を目指して人間的な生き方をすることが大切なのですね。この場合、どうしたら理想自己の明確化ができるのでしょうか。

　　　これに関して古代ギリシャ・ローマの時代から「**メメントモリ**（死を想え）」[26] という有名な格言があり、また、**ハイデガー**も人間を「**死への存在**」と言っています。このように「死と真正面から真剣に向き合えば」、非常に意義深い精神的な変化をもたらしてくれ、「自分が本当に何をやりたいのか」「どのような者になりたいのか」ということが初めて明確化・自覚化されます。すなわち、自己の死という人生最大の精神的なトラウマ（深い心的外傷）を生存本能によって「死ぬときは死ぬ。死ぬまで命はある！」と覚醒し乗り越え成長するという**心的外傷後成長**（PTG:post traumatic growth）によって、人生の全体像の把握と本当の人生の儚さや貴重さが自覚できます。

　そして、一段高い全体的で長期的視点に立った死生観が確立し、どう生きるべきかという内発的動機付けに基づく未来志向による夢や**理想の自分像**[27]（理想自己）が明確に描けます。

26　荻野弘之『奴隷の哲学者エピクテトス』ダイヤモンド社 2019、206 頁。
27　自己イメージは**セルフイメージ**（self image：自像・自己概念）とも呼ばれます。このセルフイメージを設計することが**セルフイメージ・デザイン**です。この際に、⑦自分が亡くなった後、人々が自分に対してどう言い、イメージするかを考えることや、⑦この世での自分の役割、ライフワークや使命を考えることも、死生観を決める上で良い参考になります。

なるほど……心的外傷後成長によって死生観が確立し、理想自己が明確化され、それに基づいて決定された夢に向かって**密度の濃い時間の使い方**[28]ができ、**自分自身で道を切り拓くという「生きていく私」という自発的・積極的で「人間的な生き方」**ができるのですね。

そのとおりです。

②　成功し幸せに生きられる人

どうして世の中には「**成功し幸せに生きられる人**」とそうでない人がいるのでしょうか。

その問いはここ（本書）での中心テーマを表す最重要なものの１つです。その理由は図表１-６のように、右側から順に、⑤私たちの**理想の人生**である**夢を叶え成功し幸せに生きられる人**は、そのための**自制力と自信**[29]があり、④必ず成功できるという絶対的な信念を伴った**継続した最大の努力**ができることすなわち**努力の習慣化**がなされているからです。

それではなぜそのような努力ができるのでしょうか。③それ

28　**時間の使い方**はモチベーションによって大きく変わるので、最も濃い時間の使い方となるような動機付けが大切です。

29　**自信は成功の元です**。この**自信**には根拠はいりません。根拠なき自信でよく、絶対に夢を達成するなどの信じる力（信念）があれば良いのです。

図表1-6　成功し幸せに生きられる人

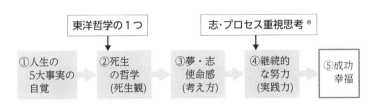

＊東洋思考では志やプロセスを重視しますが、西洋思考では成果の方をより重視します。
（出所）岩崎・四海、60頁。（一部修正）

は自分の力で未来志向に基づき自分の素晴らしい未来を切り拓くという夢見る力と、しっかりした内発的動機付けに基づく明るくワクワクする**夢や志[30]があるから**です。それではなぜそのような夢や志が持てるのでしょうか。②それはしっかりとした人生の全体像を把握した長期的な視点と命の貴重さを知る**死生観がある**からです。それではなぜそのような死生観を持てるのでしょうか。

　①それは**人生の５大事実の１つの人生の１回性をしっかりと自覚**しているからです。このような意味で、以下で説明する「**人生の５大事実**」はぶれない自分軸を確立し、それに基づき成功し幸せになるための大前提となります。この場合、**結果と**

30　この夢や志は大きいほど良く、大きなものを設定しましょう。また夢は過去からではなく未来から描きましょう。夢は単なる将来の達成目標ではなく、**その実現を目指して現在をポジティブに一生懸命努力しながら生きる**ことの方が大切です。

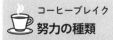

努力の種類

　努力の種類には、図表1-7のようなものがあります。このうち㋐①ポジティブな上への努力はストレスがなく、効率性や成果が上がり成功し幸せになりやすいベストなものです。

図表1-7　努力の種類

	㋐ポジティブ努力	㋑ネガティブ努力
①上への努力	◎	○
②横への努力	○	△

(注) ◎：理想的努力 (**ワクワク上への努力**：フロー状態に入りやすいもの)、○：一般的努力、△：成果の上がりづらい努力
　・①**上への努力**：成長思考に基づく進化向上のある努力で望ましい努力
　・②**横への努力**：固定思考に基づく進化向上のない努力
　・㋐**ポジティブ努力** (ワクワク努力)：夢や希望の達成などのように、したくてたまらないことで苦労やストレスにならず、思考と感情が共に快の状態でワクワクしながら積極的に行う望ましい努力
　・㋑**ネガティブ努力** (イヤイヤ努力)：ノルマの達成などのように、感情が不快の状態で消極的で苦労やストレスを伴う努力

しての成功が重要なのではなく、自分の夢や志を達成するために、自己の意思で継続的に努力するという「**夢や志の設定**」と「**その達成のための努力**（プロセス）」の方がより大切です。

　よくわかりました。この概念図をしっかり心に留めたいと思います。

③　人生の5大事実

　先程の説明に出てきた「**人生の5大事実**」についてもう

少し詳しく説明してくれますか。

　わかりました。まず「人生の 5 大事実」には「**今・こ
こ・自分・1 回性**及び**夢・志**」があります。これらのことを明
確に自覚して充実し幸せな人生を送ることが大切です。

（a）　今

　それではまず「今」については何がポイントですか。

　「今」はご想像のとおり、時間に関連します。**人生は生
きている時間であり、時間は人生そのものです。**しかも**その時
間は日々確実に短くなりつつあります。**

　それゆえ時間をどのように使うのかという質の問題は本当に
命がけであり、非常に重要な問題です。そして、**永遠に続く今
という時間**がこの世に実際に存在する唯一のものであり、人生
は今の連続であり、しかも「今」という瞬間は過ぎ去ってしま
えば 2 度と戻ってきません。**幸も不幸[31]も含めて生きているこ
とを今のみ感じ体験[32]し、**かつ因果律的に**今のみが唯一の変化
の可能性があり、新しい人生の創造の機会**でもあります。

---

[31]　「**人生の 4 大不幸**」とは病気・貧しいこと・悩み・争い（含む、戦争）です。
[32]　「**体験**」とは外的で客観的な出来事や環境ではなく、その人が内的で主観的にどの
　　ように感じたかという**意識体験**です。これは、私たちはその出来事それ自体として体
　　験するのではなく、（ネガティブやポジティブなど）何らかの解釈されたものとして
　　事実を自ら意味づけ意識して体験しているからです。

あるがままの現在の状態を前提として、**「今を生きる」と**いうことは人生において**最も重要なことの１つ**です。

　そのとおりですね。

　そして、自己を構成する「命や身体は現在の瞬間（今）に生きて」います。ところが「心」は必ずしも今に生きておらず、**現在の不満の他に**例えば、**過去についての後悔や未来について不安**[33]を抱き、日常的に**三世の苦痛**に悩まされていることが少なくありません。すなわち、これは因果律からすると非常に悪い思考法であり、心が現在になく過去や未来に行ってしまっており、このようなネガティブな思考はネガティブな感情や行動を誘導し、**ネガティブ・スパイラル**[34]に陥り、**生命エネルギー**[35]**の不要な消耗を引き起こし、現在を台無しにして**おり、ひどい場合には心身の病などを引き起こします。

　ところが過去は既に過ぎ去り歴史となっており、また未来はまだ来ておらず、どうにもなりません。この過去や未来についていろいろと頭の中で考えていることは、**時間が無駄に消費さ**

33　恐怖は一般に過去の経験や読書・TV などの間接的経験から生じます。なお、恐怖に対する最良な対処法（「**恐怖対処法**」）はその恐怖に立ち向かうことです。
34　**心の防衛機能の鍛錬法**として感情を客観的に捉える**メタ認知**の方法が有用です。
35　**生命エネルギー**は生命を維持するためのエネルギーで、肉体的・精神的エネルギーのことです。

れており、今に意識が向いておらず、集中していない状況です。しかもこの状態では心が本来持っている**エネルギーを不要に消耗**している状態であり、効率性や成果も上がりません。[36]

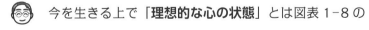 よくわかりました。つまり、**「真に今に生きる」**とは過去の後悔・不満や未来への不安などについての自動思考を停止し、現在の状況をあるがままに正しく見（**「如実知見」**）て受け入れ、臨機応変な対処ができるように今していることに意識を集中し、ベストを尽くして自分の能力を最大限発揮して生き切るということですね。

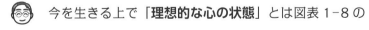 そのとおりです。また、今していることに本当に集中している時には時間空間概念が消え、今の瞬間だけが存在し、過去や未来はありません。つまり、今だけ何かが現実に生じたり存在することが可能であるのに対して、頭の中であれこれ考えている（思考）時にのみ過去・現在・未来の観念が初めて生じます。

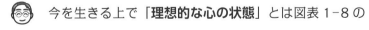 それに関連して今を生きる上で「理想的な心の状態」とはどのような状態ですか。

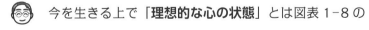 今を生きる上で**「理想的な心の状態」**とは図表 1−8 の

36　**心を今に集中すること**のメリットについての詳細な分析は、岩崎・四海、70-71 頁を参照されたい。

ように、①デフォルト・モード・ネットワーク（DMN）という無意識に脳が行う自動思考[37]に基づく雑念妄念である後悔・不満や不安などの**反芻思考**[38]や**ネガティブな感情**によって、心が本来持っているエネルギーを不要にすり減らしていることが少なくありません。そこでこの**自動思考を停止する**ことによって、平常心を保ち、穏やかで心地よい生命エネルギーの充満した状態で、かつ、②陸上競技でスタートラインに立っている時のように、臨機応変に対処できるように現在していることにのみ明瞭に意識を集中[39]している状態です。

　このように、日々是好日として現在に意識を集中し、**今して**

37　**「デフォルト・モード・ネットワーク」**とは私たちが意識的に何かに集中して活動していない時に働く脳の回路のことであり、この時にはいわゆる自動思考によって頭の中で雑念妄念を漠然と考えています。これが良い面で働くと閃きなどが生まれ、**閃き体験**をすることができます。反対に悪い面で働く場合には自意識過剰で不調やうつ病などになることもあります。このように**「自動思考」**とは頭の中に自動的に流れている思考（雑念妄念）のことです。

38　**「反芻思考」**とは過去の後悔や未来の不安などの雑念妄念を何度も繰り返し思い返すことです。これによって人間は多くの場合ネガティブ感情になります。他方、人間以外の動物は過去の後悔や未来の不安を考えず不幸にならずに、目の前の世界だけを真剣に生きています。なお、特にネガティブな反芻思考は心身のバランスを乱し、悪影響を及ぼし、病気などになる可能性があります。このように私たちは日常的に過去・現在・未来の苦痛に悩まされ、不幸せになっています。他方、ポジティブな反芻思考はその人にポジティブで幸せな影響を及ぼします。

39　**「集中」**とは脳がリラックスしていると同時に非常に活性化され適度な緊張感のある状態で、心を１つのことに集めている状態のことです。そして、このように集中すれば作業を処理し、効率性・生産性が上がり、充実し密度の濃い贅沢な時間が過ごせます。例えば、「集中してやるべきことがあり、恐れや悩んでいる暇はない！」ということです。１つのことに集中していない場合には、自動思考によって多くの雑念妄念が生じます。

図表1-8　理想的な心の状態

理想的な心の状態	①自動思考に基づく雑念妄念である後悔や心配などの反芻思考によって、心が本来持っているエネルギーを不要にすり減らすことなく、穏やかで心地良い状態（平常心・自然体）
	②澄み切って現在のみに集中している状態（三昧）。対象になり切って心身を挙げて打ち込み、肩の力を抜き、平常心でワクワクしながら継続的にベストを尽くしている状態

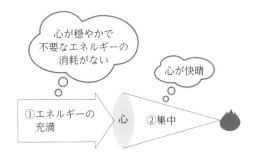

(出所) 岩崎・四海、64頁。(一部修正)

いることに没頭して全力で生き切るという「今生思考」とそれを習慣化した「今生習慣」を身に付けることが大切です。この場合、ポジティブ思考（積極思考）に基づき（常に未来志向的に努力しているので）「すべてのことは良い方向に向かっている」と考え、明るい未来に期待し未来志向的でチャレンジ精神を持ってこの瞬間に完全に集中して生きることです。

　そして、これまでの人生経験を前提とし、それを活かしなが

ら切断思考に基づき**常に今が人生の出発点と考え、今の状況か
らすべてを始めましょう！** なお、「現在に集中するといって
も、肩を張って緊張してそれを行うのではなく、肩の力を抜
き、緊張を解いてリラックスした平常心という心地よい状態
（「自然体」）で、ポジティブに現在していることに集中すること」
が成功し幸せに生きるための秘訣です。

よくわかりました。平常心で集中し今生習慣で生活する
ことがポイントなのですね。ところで、「理想的な心の状態に
なる方法」はありますか。

「理想的な心の状態になるための方法」（「心の集中法」）と
して、例えば、深呼吸、マインドフルネス**40**などの瞑想法、ヨ
ガ法、座禅法**41**、ルーティン法**42**、験担ぎ法などがあります。

---

40 「**マインドフルな状態**」とは心に自動思考に基づく雑念妄念がなく、心が今ここに
集中し、一瞬一瞬生きている状態のことであり、シングル・タスク脳の状態です。マ
インドフルネスには一般的な呼吸瞑想の他に日常のすべての行為に適用でき、例え
ば、歩行瞑想や食事瞑想などがあります。この深いマインドフルネスの状態では無我
のトランス状態が続き、脳からアルファー波が出ます。

41 座禅では無心で自分自身と向き合い、何かを得るのではなく、メタ認知によって自
己を客観的で明確に観察し、自覚し、雑念妄念などをありのまま受け入れ、それを解
放することです。座禅や瞑想は人類の最高の叡智の1つです。

42 「**ルーティン**」とは繰り返しなされる決まった一定の手順のことであり、平常心と
いう精神的な落ち着きをもたらし、最高のパフォーマンスを上げるために行うもので
す。例えば、ラグビーのニュージーランド代表のハカなどが特に有名です。また、
「**ルーティン法**」とは一定の決まった動作をすることで心を整える方法です。

　このうちマインドフルネスはアップルやグーグルなどの世界的に有名な大企業でストレスの解消や効率性の向上などの目的で採用され、また、成功者や幸せな人生を送っている人にはこの**瞑想習慣**を持っていることも少なくありません。

　ここで**思考と瞑想の違い**は「**思考**」[43] とは自己が自意識を持って主体的に何かを考えることであるのに対して、「**瞑想**」とはその思考している自己を客観的に別の自己が認識（**メタ認知**[44]）しまたは思考を停止している状態のことです。

　　　　よくわかりました。理想的な心の状態になるためにマインドフルネスをしてみます。ところで「集中」に関連してなぜ「シングルタスク脳」の状態が望ましいのですか。

43　思考は認知的な機能を司る認知脳の働きです。メタ認知は感情的な自分を客観的に見ている思考（感情）の外にいるという意味で非認知脳的な働きになります。なお、「**思考や理性**」と「**感情・感覚やイメージ**」の強さを比較すると、感情・感覚やイメージの方が強烈でリアルに感じるので強く、行動を起こさせる強い動機や原動力になります。それゆえ、いわゆる「（理性で）わかっているけど（感情を）止められない！」という**心の2重構造**という状況が日常的に生じます。

44　「**メタ認知**」とは空が雲を眺めるように感情的な自分をもう一人の理性的な自分が第3者の目で客観的に見ることすなわち自分自身の感情や思考を俯瞰的にありのままに観る方法のこと（**客観的な自己観察**）であり、悟った人が用いる意識です。ここでは「自分で自分（の感情）が（客観的に）見えている」状態であり、**自己の感情を客観化・空化し、それがない状態に目覚めること**です。なお、「**瞑**」とは目を閉じてリラックスし心静かになることであり、「**想**」とは思い描くことです。この際に東洋的な外部からの刺激に対して**反応しない方法**として、感じ（受）ても想（想）わざれば考えないし（価値判断［識］しない）、行動（行：すなわち反応）しないという方法があります。

☕ マインドフルネス

「**マインドフルネス**」とは呼吸[45]などに**意識を集中すること**によって**自分の感情を抑圧したり判断を加えずに、メタ認知的に感情に気づき受け入れ解放し、心を平静にし思考を止め、雑念妄念を消し無念無想となり、心を現在に集中し、心を整える方法のこと**です[46]。これは東洋思想とその実践をルーツとするものです。言い換えれば、これは今この瞬間をいかなる価値判断も加えずメタ認知的にありのままに客観的・意識的に観察し、解放し受け流すものです。

ここでは、**調身・調息・調心（「三調法」）・調神（「四調法」）**が大切です。すなわち、座ってこれを行う呼吸瞑想の場合には、**意識を鋭敏に保つために**背筋を伸ばし、姿勢を正して（調身）、目を（半分）閉じ、腹式呼吸によって穏やかで長く深い呼吸になるように呼吸を整え（調息）、呼吸に意識を向け、心に自然に浮かぶ雑念妄念という**自動思考**を停止し、無念無想（雑念→一念→無念）となり、心で静かに今この瞬間をありのままに客観的に観察し心のバランスを整える（調心）方法です。これにより自律神経のバランスを整えること（調神）ができます。もし呼吸観察への集中が途切れ、自動思考によって雑念妄念が現われた場合には、意識を観察に戻すことによって、それを停止し瞑想を継続します。この場合、自分の意識は明晰（めいせき）であり、一般に自分の感情をもう一人の私が観察（**セルフ・モニタリング：自己観察**）[47]するという心（感情）という内面を客観的

---

[45] 瞑想には静かで長い**腹式呼吸**が用いられ、**リラックス効果や鎮静効果**があります。

[46] 熊野宏昭『実践！マインドフルネス』サンガ 2017。なお、**自分の感情に気づいていない時はマインドレスネス**の状態であり、一般に自動思考によって雑念妄念が生じています。

[47] 「**自己観察**」（**自己洞察**）とは自分で自分の心がどのような状態であるのかを観察することです。

に見つめる方法である**メタ認知**を使用します（岩崎・四海、66頁）**48**。この状態では、心身や自律神経のバランスが保たれている状態であり、自己が本来持っている力が発揮できます。

このような深い「**瞑想の効果**」としては、㋐この状態では脳からアルファー波が出てくることが多く、副交感神経が優位となり、心に余裕が生まれ、免疫力**49**が向上し健康になること、㋑雑念妄念から解放されること、㋒無駄なエネルギーの消費がなくなり休息になること、㋓感覚・思考・判断力が研ぎ澄まされ、正しい判断が行えること、㋔自分の心をコントロールしやすくなること、㋕自信を持てること、㋖ストレスが軽減されること、㋗恐怖や不安が軽減され、心が快適で安定すること、㋘集中力がつき記憶力が向上すること、㋙潜在能力を最大限発揮できること、㋚長時間頑張れるようになり、仕事の効率性や成果が上がること、㋛直感や内なる声を聞きやすくなること、㋜悟り（enlightenment）を得られることなど多くのことがあります。

コーヒーブレイク
自律神経のバランスの整え方：調神

周知のように神経には自分の意思でコントロールできる（「**随意神経**」である）**体性神経（例えば、運動や感覚を司るもの）**とコント

48　この場合、瞑想中に現れる種々の感情について、この感情は「怒り」「悲しみ」であるなどという名前を付けることを「**名付け**」（**ラベリング**）といいます。そして、その**感情の対応方法**としてはメタ認知的に**その感情そのものはありのままに受け入れることによって苦しみやネガティブ性を手放し、次にそれにどのようにポジティブに対処するのがベストかを瞬時に考え**ます。すなわちその感情の発生過程を分析し、かつ将来において結果が最も良くなるような対応方法を選択します。

49　なお、**免疫力**にはウイルスなどに対する**肉体的免疫力**とネガティブなエネルギーに対する**精神的免疫力**があります。

ロールできない（「**不随意神経**」である）**自律神経（呼吸、循環、ホルモンや消化などを司るもの）**とがあり、さらに後者には**交感神経と副交感神経**があります。怒り・悲しみ・ストレスなどのネガティブな感情の下では自律神経に乱れが生じ、気分がすぐれず、イライラし、ひどい場合には病気など深刻な状態になる場合もあります。この「**自律神経を自己の意思でコントロールできる唯一の方法が呼吸による方法**」です。より具体的には、呼吸法・ヨガ・マインドフルネスなどの瞑想・座禅などです。それゆえ、自分が怒りや悲しみなどのネガティブな状況に陥った時には、これらの方法を活用して気分をポジティブ化し、自律神経を整えることができます。これによってポジティブで幸せな生活を自分の力で取り戻すことが可能です。

周知のように、仕事や勉強などをする場合の脳の状態についてはシングルタスク脳とマルチタスク脳があります。ここで「**シングルタスク脳**」とは１度に１つの課題（シングルタスク）に集中している脳の状態です。この場合、脳はそのことに集中しているのでストレスが少なく、気分も爽快で効率性や成果も上がります。これは瞑想している状態に近い状態です。

他方、「**マルチタスク脳**」とは同時に複数の課題（マルチタスク）を処理している脳の状態であり、いわゆる「**ながら状態**」で例えば、スマホを使いながら自転車や自動車を運転しているような状態です。この状態では脳の注意力は複数のものに分散

しており、脳に非常にストレスがかかる状態であり、効率性や成果も低くかつ危険を伴います。

　よくわかりました。集中するのにはシングルタスク脳の状態が良いのですね。それに関連して隙間時間でもシングルタスク脳の状態が良いのですか。

　先程の説明は、**本格的に真剣に仕事や勉強に集中する時**にはシングルタスク脳の状態がベストであると言いました。他方、例えば、電車通勤のような「日常的な隙間時間」でそれほど集中しなくても済む作業などの場合には、マルチタスク脳を徹底的に有効活用することが有用です。このような場合には、通勤時間に何もやらないのは時間の無駄となるので、新聞や本を読んだり、音楽や英会話のＣＤなどを聞くことが有効です。

　このようにＴＰＯ（時・場所・状況）に応じて臨機応変に脳の使い方を変え、柔軟に行動することが大切です。

　よくわかりました。臨機応変に対処するということですね。ところで「集中」に関連して試験などで「実力を発揮するために良いセルフコントロール法」はありますか。

　日常生活・ビジネス・試合や試験など大切な場面で緊張や不安などの感情を緩和し、それに集中して平常心で本来自己が持っている実力を最大限発揮するためのセルフコントロール

法として、①弛緩法（リラックス法：緊張を解き、自然体・平常心で最高の成果を上げるための方法）と、②高揚法（サイキングアップ法：気分を高揚させ奮起し、最高の成果を上げるための方法）があります。より具体的には気分をリラックスさせる弛緩法としては例えば、呼吸・瞑想・ヨガ・座禅法、スローテンポの音楽法、ルーティン法、メタ認知法、セルフトーク法[50]、つぼ法、タッピング法[51]、軽い体操・運動法、入浴法、睡眠法などがあります。

　他方、気分を盛り上げる高揚法としては例えば、アップテンポの音楽法、タッピング法、大声法[52]、軽いウオーミングアップ法、ルーティン法などがあります。

　多くの良い方法があるのですね。是非これらを活用したいと思います。

　是非ご活用下さい。

（b）　ここ

　次に人生においてなぜ「ここ」が大切なのですか。

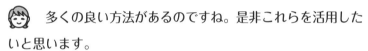　現在は高度にグローバル化してきており、海外へも１日

---

[50]　「セルフトーク」とは自己の内面との対話や独り言のことであり、その人の性格・自己肯定感や人生などに大きな影響を与えます。
[51]　「タッピング法」とは顔や胸などを指などで軽くたたく方法のことです。
[52]　大声法として例えば、試合前に円陣を組んで大声を出す方法などがあります。

足らずで行くことができる世の中になってきています。

　しかし、現在自分が生活している世界はここであり、他の場所ではなく、ここでできることを精一杯こなしていくことが大切です。すなわち、心の中で他のことを考えたりしないで、「一期一会」の精神で「今ここ」(now and here)[53]でしていることつまり今いる場所や環境の下であるがままにすべてを受け入れてポジティブに考え、行動することこそが大切です。

（c）　自分

　次に人生においてなぜ「自分」が大切なのですか。

　自己の人生の主人公は社長や上司や家族ではなく自分自身です（「**主人公思考**」）。自己こそ自分の主（あるじ）です。そして、自己の人生にとって私の代わりは存在しないということです。この場合「自己」とは日々の感情に揺れ動く感情的な自己ではなく、自制心が強く、自分自身をコントロールする力（**自己コントロールカ**（コントロール））がある「制御（ぎょ）された自己」が理想です。

　しかも、この際未来志向に基づき自分の個性を生かし、自分の力で輝く未来を切り拓くという自己を信じる力や夢を持ち、

---

[53]　「**今ここ思考**」とはいつでもポジティブ思考に基づいてワクワクして思考し行動することによって、今ここでしていることに全力を集中し、一瞬一瞬ベストを尽くして生きようとする意志のある考え方です。

「随所の主となること [随処作主]」が大切です。

😊　自己コントロール力のある主人公思考で生きることが大切なのですね。それに関連して自分の心を上手くコントロールするために、「自分の感情を客観的に見るための方法」にはどのようなものがありますか。

🤓　**感情の客観視法**として例えば、**メタ認知やジャーナリング**[54] などの方法があります。このような**自己客観化の長所**としては、感情が見える化[55] されること、気持ちが整理され、感情のコントロールが容易になること、ストレスの解消になることなど多くのものがあります。この場合、この**感情コントロール法**として例えば、メタ認知、マインドフルネス、信念、使命感、志、哲学、信仰などの方法があります。

😊　よくわかりました。今後メタ認知などを活用したいと思います。また、自己コントロールとの関連で「信念を持つ」のにはどのようにすればよいのでしょうか。

🤓　信念を持つことはとても大切です。この信念には思考と感情が関連しています。すなわち、**感情は私たちのエネルギーで、よりリアルであり、その状況が直接的に身体に現れます。**

---

[54] 「**ジャーナリング**」とは**書く瞑想**とも呼ばれ、自分の考えていることを紙に箇条書きする方法のことです。
[55] **見える化の方法**として例えば、**言語化・数値化・図表化・具象化**などがあります。

感情こそが私たちにやる気を起こさせ、働かせ、成長させてくれるエネルギー源です。それゆえ、**思考に感情が伴うと「情熱・やる気・念」**になり、その感情と私たちは一体化し、さらにその感情を伴った思考が継続的に**固く信じられたものが「信念や継続的で情熱的な心のスタミナ**（持久力・やり抜く力）」です。

　信念を持つということは**ある思いを心から信じて頭の中で**「できるかな？　できないかな？」などと 2 元的に分別し、**不安や迷いなどの状態とならずに思考から離れ超越して、ただひたすら絶対にやり抜くという絶対的な肯定に基づきベストを尽くして行動することです。**それゆえ、**自己と一体化した信念は行動に影響し、行動は現実における結果に大きな影響を及ぼし実現され**ます。すなわち、信念が現実を創り出します。

　この場合、「**強い信念を持つ方法**」としては、例えば、大好きなこと、強く思うこと、大切な人（家族、恋人、恩師、同志など）や信仰を持つこと、死生観や哲学を確立すること、明確な目標・目的・志を持つことつまり理想の自分を持つこと（「理想の実現力」）、因果律を信じることなどがあります。

　　　　よくわかりました。**強い信念 → 継続的な努力・行動 → 実現**ですね。これらの方法を活用して強く絶対的な信念を持って生きていきたいと思います。

（d）　1回性

　次に、なぜ「人生の1回性」を考えることが重要なのですか。

　「人生の1回性」を強く自覚することは自分軸を設定し成功し幸せな人生を送るために非常に重要な要素の1つです。

　この人生の1回性という死を透徹した目で人生を俯瞰（ふかん）する思考を取り入れ、それと真剣に対峙（たいじ）する場合に、人生の儚さや貴重さが本当に自覚でき、**死生観**が確立できます。このように死と真剣に向き合うという精神的なトラウマを乗り越え成長することが前述のように**心的外傷後成長**です。

　なるほど……心的外傷後成長がポイントなのですね。

　そのとおりです。そして、この死生観の確立によって、生活の視点を過去から現在を見て**無意識的に生きられるから生きているという動物的な生き方**ではなく、未来から現在を逆算思考で見て貴重な人生を全体的で長期的な視野に基づいて人生の主人公として**意識的に生きていく私という主体的で人間的な生き方**をし、濃い時間の使い方をすることが大切です。

　そして、人生において**理想の自分像**（「理想自己」）が明確に描け、自分が叶えたい**内発的動機付けに基づく全体構想としての夢や志が明確**にされます。

すなわち、**1 回性 → 心的外傷後成長 → 死生観の確立 → 夢・志の明確化**ということですね。

 そのとおりです。

（e）　夢・志

 人生においてなぜ「夢・志」が大切なのですか。

 「夢を持たないで人生を送ろう」とすることは「設計図なしに家を建てよう」とするようなものです。良い家は絶対に建ちません。キング牧師やゼレンスキー（ウクライナ）大統領のように、人種差別の撤廃や不当な侵略から国を守るために「私には夢がある（I have a dream）」と言いたいものです。

　すなわち、**夢は自分が期待するような将来の理想的な自分の姿（理想自己）を示し、努力すればきっとそれを叶えることができるというストーリーです。それは生命力に溢れワクワクするようなやる気を与え、私たちを大きく育ててくれます。**

　このように、人生の 1 回性に伴う死生観の確立と夢・志の明確化（立志）とそれに基づく人生設計とその実施が人生において最も大切なことです。そして、その長期的な視点に基づく死生観を基礎として燃えるような行動のエネルギー源である夢や志を追って未来志向に基づき自己の理想的な未来を見据え未来

を創るために、現在をベストを尽くして生き切ることすなわち**積極的に努力を継続するという習慣化（努力の習慣化）**することが、悔いのない満足した人生を送るために決定的に重要です。

　よくわかりました。それゆえ、自分の夢や志に向かって**できる眼鏡（めがね）**を掛け、継続的な最大限の努力ができるという努力の習慣化はとても重要であるということですね。私も夢を追っていきたいと思います。それとの関連で、設定された「夢を目標へ展開」するのにはどのようにすれば良いのですか。

　夢の設定とそれに基づく大まかな人生設計だけでは抽象的過ぎ、夢を叶えることは容易ではありません。そこでまず夢から長期的で**最終的な目標（goal・ゴール）**を設定し、逆算思考に基づいて未来から現在を眺め、これらを具体的な短期的な目標や計画へ具体化すること（**行動計画化（アクションプラン）**）によって、その実現が一層現実味を帯びてきます。

　すなわち、**夢 → （最終）目標 → 逆算思考 → 短期目標 → 行動計画**ですね。

　そのとおりです。この場合、具体的な行動の計画や期限などを明確に設定し、最重要な目標から実行していきます。

　このように締切日が明確にされそれに向かって努力をする場合には、集中力が増し効率性や成果も上がるという**締切効果**が

得られます。そして、目標をできるだけ小さく細分化して、小さな成功体験と達成感に伴うドーパミンの放出による快感を積み重ね、**学習性自己効力感**と**自信**を身に付け、やる気を維持すると共に、最終的には長期的な目標や夢を達成します。

😊　すなわち、**小さな目標の設定 → 小さな成功体験の積み重ね → 学習性自己効力感 → 自信 → 最終目標・夢の達成**ですね。

😊　そのとおりです。この際にポジティブな自己宣言をすることによって願いを叶えるように潜在意識に働きかける**アファメーション**[56]や**貼紙法**などの方法が有効です。

---

[56] 「肯定的な自己宣言」（アファメーション：affirmation）とは目標を達成し、なりたい自分になるために、その思いを繰り返し行う肯定的な自己暗示のことです。この自己宣言は一般に（「……になりたい！」という願望ではなく、）既に目標が実現された状態の短い肯定的な断定文を作成し、何度も繰り返し潜在意識にそのことを刻み込むものです。そして、潜在意識を活用して、話されたものは**確証バイアス**というメカニズムによって脳がその言葉を支持する証拠を集め、それが実現していきます（**予言の自己実現**）。すなわち「**言葉やイメージ → 繰返し → 努力 → 信念 →（確信→）現実化（実現）**」「**明確な目標（願う） →（既に受け取ったものと）信念（信じること） → 努力 →（気持ち良く）感じ →（顕在化）実現（受け取ること）**」のプロセスです。すなわち、心の焦点を当てたものが実現するということです。また、この積極的な断定文を単語にまとめ、それを繰り返し唱えるものが**単語法**です。そして、夢などを壁に貼りだしそれを毎日眺めることによってそれを潜在意識に刻み込む方法が**貼紙法**です。このように、私たちは同じことを何度も繰り返し見聞きしているとそれが潜在意識に刷り込まれ、真実でなくても事実と同様に受け止められます。この**アファメーションの長所**として、希望や目標が明確化されること、ポジティブな思考や行動となること、行動力が高まること、自己肯定感が高まること、なりたい自分になれることなどがあります。**アファメーションの作成法**としては、自己に対して具体的な内容で、短文で、（否定形を使わず）ポジティブな肯定文で、……しつつあるという現在進行形ないし現在形で、既に達成され入手されたものとイメージして、気持ちや感情の表現などで文章を作成します。アファメーションはできるだけリラックスした状態で行うのが有効であるとされています。

POINT

死生観と人生の5大事実

① **人生の5大事実**には**今・ここ・自分・1回性・夢・志**があります。

②「今・ここ」では**今生思考・理想的な心の状態・マインドフルネス**などが、「自分」では**主人公思考**が、「1回性」では**心的外傷後成長・死生観の確立**が、「夢・志」では**夢・志の明確化**が重要です。

（4） 最重要な価値観の明確化

　自分軸の設定のためには自己にとって「最も重要な価値観」を明確にしておくことが大切ですか。

　そのとおりです。悔いがなく充実した人生を送るためには、自分に心の平安[57]や平和・喜びや生きがいをもたらす**最もコアとなる重要な価値観を6つ位明確にし、それらを特に大切にします**。この自己にとって「**最重要な価値観[58]の種類**」は、それぞれの人によって千差万別ですが、これには例えば、家族などの人間関係、健康、夢、生きがい、幸せ、愛、学び、好奇

---

57 心の平安はネガティブな感情がなく、リラックスし穏やかな状態であり、自他一如の思考の下で最もよく創造されます。他方、**理想の状況を追い求めること**は緊張の状態です。

58 人間性の向上に伴って価値観の優先順位として自己中心主義的な価値観から自利利他というような利他主義的な価値観へ向上していくことが一般的です。この場合単なる自己犠牲ではなく、**他者に貢献すると同時に自分も大切に**します。

心[59]（チャレンジ精神）、仕事、社会貢献、お金などがあります。

　わかりました。最重要な価値観を６つ位明確にすることですね。

　そのとおりです。このことによって、最も重視するものを自分の中心軸として集中的に大切にすると同時に、それ以外のものについてはあまり気にかけないということによって生活にメリハリが付きます。

　ことによって生き方も楽になり、ストレスも軽減され、大切な人やものに囲まれた豊かな人生を送ることができます。

　なるほど……メリハリのある幸せな人生を送るためには最重要な価値観を明確にしておくことが大切なのですね。

　そのとおりです。

POINT

重要な価値観の明確化

①**最重要な価値観のみを堅持**し、その他のものは余裕を持って考えれば、人生にメリハリと余裕が生まれます。

②あなたの最重要な価値観（6つ）は何ですか。

59　健康維持増進のためには**食欲**が大切ですが、私たちの進化向上という精神的な健康維持増進のためには**好奇心**がとても重要です。食欲が減退すれば身体が衰え老化しますが、同様に好奇心がなくなれば心が衰え老化します。

（5） 成功と成長

😊　自分軸において「**成功と成長はどのように位置づけ**」られますか。

🤓　人生において成功し幸せになることは人生の目的とも深く関連し、とても重要なことです。この場合、他人軸を基にした一般的な**成功**[60]**失敗**という単純な**白黒思考**に基づく**2元論**の他に、自分軸に基づく成長思考に基づく失敗からの**学びや経験（学習経験）**という**成長**[61] の側面も重要であり、人生においては自分軸とオープンマインドに基づき旺盛な好奇心と成長意欲によって**人間的に成長（人間的成長）していくことこそ真の成功**であると考えられます。

　ここで社会的に言ってこれが成功であるという**客観的で普遍的な成功の定義は存在しません**が、一般的に成功は図表1−9のように、3つのものに分類できます。

60　成功は願望を叶えることです。成功と失敗は矛盾するものではなくお互いに繋がっており、失敗は成功の基（もと）であり、学びのための機会です。なお、**成功と謙虚さ**に関して、人は成功すると自信過剰になり、有頂天になり自惚れて「私は他の人達と違って偉い」と謙虚さや素直さを失うことがしばしば見られます。ところが謙虚さを失うと他人の忠告なども耳に入らなくなり、しばしば図に乗って失敗を招くことにもなります。そこで常に謙虚であることを心掛けて生きることが、成功が継続する秘訣です。

61　自己の成長は人生においてとても本質的なものです。**人間的成長のための方法**としては旺盛な好奇心やチャレンジ精神を持つこと、心を開くこと、ものの見方を柔軟にすること、読書やセミナーなどに参加すること、自分の教育や健康などに投資すること、人間関係を大切にすること、慣性の法則・現状維持バイアスや恒常性（ホメオスタシス）に基づく快適領域の外に出ること、積極的に失敗すること、効率性ばかり考えないことなどがあります。

図表1-9　成功の分類

成			社会的成功	上場会社の社長など	真の成功*4	他人軸
	(1)公的成功*1					
	(2)(広義)私的成功*2	①(狭義)私的成功	個人的成功	自己の夢や目標が叶うこと		自分軸
功		②成長的成功	人間的成功	(知性・精神性*3・人間性などの)成長面での成功		

＊1：外的な競争と他人評価に基づく成功。
＊2：競争や他人評価とは無縁のもので、内的で夢や成長に関する成功。
＊3：「精神的成功」とは例えば、失敗や苦境をチャンスであるとポジティブに捉えられる精神力（逆境力）がつくことなどです。
＊4：「真の成功」には社会的成功と同時に人間性の向上を基礎とする成長的成功（人間的成功）も同時達成されることが必要です。社会的成功は上場会社の社長さんになることなどの仕事や経済豊かさなどでの成功があり、他方、成長的成功（人間的成功）が本来の成功であり、これには心身の健康を前提として大切な家族との愛情豊かな関係、慈愛に基づく他の人への親切その他の利他的な社会貢献などによる人間性豊かで充実した人生を送ることがあります。

　この場合、人生において成功し幸せな人生を送るためには、(1) **競争的世界観と他人軸に基づく継続的な競争と評価を基礎とする外的な財産、肩書、名誉[62] を得るという「社会的成功」**だけでなく、(2) 成長や創造レベルの**非競争的世界観と自分軸に基づく競争や他人評価とは無関係に、なりたいものになり心の平安や幸せを与えてくれる内的な「私的成功」**も大切です。

　すなわち、(1) **公的成功**や**社会的成功**とは継続的な競争原理と他人評価に基づく社会において自分の仕事を愛しそれに打ち

62　収入、財産、肩書などのように、他者との比較によって満足感が得られるものを**地位財**といいます。なお、地位財を得ること自体は本来人間の自然の欲求であり、良いことです。他方、安全・自由・健康など他者と比較をしなくても満足感の得られるものを**非地位財**といいます。

込むことによって社会へ貢献して、社会一般の人が成功と認めるような財産・地位・名誉などを得るという外的で社会的な成功すなわち**他人軸に基づく成功**を意味します。

これには例えば、ビル・ゲイツのような世界的な大会社の社長・会長や大金持ちになることや川端康成のようにノーベル文学賞をもらうことなどを指しています。この場合、自己の実力が社会的にも認知され、達成感や優越感なども感じられます。

そうですね。やはり社会的成功を達成することはすごいことですね。しかも、社会的成功を実現した時に慢心せずに、「腰が低く」謙虚に「実るほど頭を垂れる稲穂かな」になれる人は、高い人間性[63]も兼ね備えた人間的成功も同時に達成している人ですね。

そのとおりです。また、(2)(広義の)**私的成功**すなわち成長や創造的レベルの非競争原理と**自分軸に基づく成功**があり、これが本来の成功であり、本当に自分らしく自分が幸せになれる成功です。すなわち、①自己の夢や目標が叶うという

---

63 人間性は人格や人徳とも呼ばれます。これらを高い水準で実践してきたのが近江商人の「**売り手よし、買い手よし、社会よし**」という**三方よし**です。なお、人間性・人格・人徳の高い人は人間として最も大切な心である他の人を思う慈愛や利他の心があり、それらは将来の利益を生み出し成功し幸せな人生を送るための基礎となります。他方、**人望**については他の人への温かい配慮と誠実性があり、他人から信頼され期待され、自己の言動や結果に責任を持ち、リーダーとして望まれるような性質のことです。

（狭義の）**個人的成功**と、②（失敗[64]などの社会的には必ずしも成功とみられないけれども、）種々の学習・思索・体験による総合的な[65] **人間性や魂の向上**（「人間的成長」）という成功（「**成長的成功・人間的成功**」）があります。このような場合には自分軸に基づくものなので、達成感、自己満足感や幸福感などが感じられ、より幸せな人生を送ることができます。

😊　私的成功の２側面として個人的成功と人間的成功のバランスがあるのですね。

🤓　そのとおりです。このように人生における真の成功は単に社会的成功ばかりでなく、私的成功としての人間的成功がより重要であり、両者のバランスが大切です。これに関して例えば、オリンピックで体操個人総合金メダル２連覇の内村航平選手も「**体操だけ上手くてもダメだよ……人間性が伴っていないと誰からも尊敬されない！**」と言っています。

😊　すなわち、真の成功のためには社会的成功と人間的成功のバランスが重要なのですね。

🤓　そのとおりです。そして、他人軸に基づく「社会的な評

---

64 例えば、失敗や苦境を学びやチャンスとポジティブに捉えられる逆境力がつくという**精神的成功**を含むもの。
65 過去に縛られず将来への旺盛な向上心や好奇心に基づくいろいろな経験から成長思考に基づく技能、知能指数（IQ）などの知性や感情指数・情動指数（EQ）などの共感性、精神の向上や慈愛・利他心を含むもの。

価」は一般に、(1) **公的・社会的成功 →** (2) **①私的・個人的成功→** (2) **②人間的成功**の順でなされますが、自分軸に基づく評価は全く反対に、(2) **②人間的成功 →** (2) **①私的・個人的成功 →** (1) **公的・社会的成功**の順で評価されます。すなわち、人生の目的が自分らしく個性を生かしながら進化向上し、経験を豊かにし、夢を叶え幸せになることなので、**最も大切な基礎は成長思考に基づくオープンマインドの習慣と勇気[66] を伴った新たな挑戦であり、すべての経験が財産となり、常に人間的に自分史上最も進化向上した自分になること**です。それゆえ、人生における経験で無駄なものは 1 つもありません。

　そして、それに基づき私的成功をし、その結果として公的成功をすることの順となり、**私的で人間的な成功を基礎としてさらにその上に公的で社会的な成功を目指したい**ものです。このように成功する人や幸せな人は思考習慣として常に成長思考に基づき心を開き、興味と好奇心に基づき何か新しいことに挑戦し、それから多くの知識・経験・教訓を学び成長し、人間的な魅力[67] を高め続け、人間性の向上や人格の完成を目指すもので

66　「**勇気**」とは変化を恐れず、これまでの自己を離れ未知の新しいものに挑戦しようとする意志のことです。

67　「**魅力**」とはもう一度会いたいと思わせる力であり、他の人に自己重要感・自尊心・利・サービス・安らぎなどを**与え**、**喜ばせる**ことによって生じます。この**与えることは人に好かれる最大の基本原則**です。

す。この成長思考を持つ人は目標を実現するまで努力する**やり抜く力**[68]（grit）を発揮でき、成功し幸せになれます。

　なるほど……真の成功とは人間的成功を基礎として社会的成功を目指すのですね。

　そのとおりです。そして、輝く未来を切り拓くためには、現在の自分に満足せずに、好奇心とチャレンジ精神に従って更なる高みを目指して向上心と成長思考に基づき挑戦し続けることが大切です。つまり、一般に言われるように「一生青春！　一生勉強！」[69] です。

　すなわち、成長思考に基づき日々小さな成功を積み重ねて学習性自己効力感や自己成長感[70] を感じられれば、脳が快を感じモチベーションが湧き、そのことを継続することができると同時に好奇心を持って新たなチャレンジもしやすくなります。

　わかりました。私も一生青春・一生勉強を目指します。

　頑張って下さい。

---

[68]　**やり抜く力の強化法**にはポジティブ・マインドセット（PMS：楽観主義）、セルフトーク（「大丈夫！」などと声をかけ続けること）、失敗を学習や教訓と捉える思考習慣などがあります。
[69]　Steve Jobs 的に表現すれば、"Stay hungry, stay foolish." です。
[70]　生物は本能的に自己の成長と繁栄を願うものです。

POINT

成功と成長

① 成功には**私的成功と公的成功**があり、人生では自分の夢を叶える
という私的成功の方が重要です。
② 私的成功には**個人的成功と人間的成功**があり、人生では人間的成
功の方がより重要です。

（6） 個性

自分軸で生きるために「個性」はどのように生かしたら
よいのでしょうか。

私たちの**個性**はその人が生まれながら持っている
(having) 性質ないし持ち味です。これは内部環境に当たり、性
別、年齢、性格、家族構成、趣味、好み、関心、特技、強み、
能力、得意・不得意、経験、思考パターン、マインドセット、
感性、魅力などです。この場合一般に、㋐能力や特技などのよ
うに自分の「努力によって変えられる部分」と、㋑年齢などの
ように一般に「変えられない部分」とがあります。

自分の努力で変えられる能力などについては、それを卓越し
たレベルまで大いに伸ばすように最大限の努力をすることが大
切です。他方、例えば、年齢など変えられない部分については
素直にすべてをありのままに受け入れることが大切です。

なるほど……個性のうち変えられない部分は素直に受け入れ、他方、変えられる部分はそれを卓越したレベルまで伸ばすために最大限努力をするんですね。

　そのとおりです。そして、必ず誰でも自分だけの個性、価値や才能を持っています。そこでまず自己の個性（長所や短所）をしっかり認識すること（個性の「**自己認識**」）が大切です。

　そして、良いところや悪いところを含めてすべてをありのままに受け入れ（「**自己受容**」し）、過小評価も過大評価もせずに、**すべてありのまま**でいることの勇気を持ち、自己の存在意義を確認することが大切です。そして、自分に関する領域（「**自分領域**」）[71]について自分軸に基づき自分らしく悔いのない充実した人生を送るためには、自己が持っている自分らしい**強み、魅力や価値**である個性に目を向け、それに自信を持ち、その個性、魅力、優れていることや強みをより強い卓越的なものへと育成（「**個性・自分力の育成強化**」）し、仕事に没頭し「真に自分のスタイルで創造力の自己表現によって個性を生かし、最大限発揮（「**自己発揮**」）する」ことが重要です。

　すなわち、**個性の認識 → 受容 → 強化 → 個性の自己表**

---

[71]　自分の考え方、生き方、領域や課題について**自分らしく**生きることが成功し幸せに生きるためのポイントです。

現としての創造力の発揮ということですね。

　　そのとおりです。なぜならば、自分固有のやり方で生命を表現したいという自己表現欲を満たすために、個性はその基礎や手段としてその人の強み、優れていること、魅力や輝きとなるからです。そして、**強み理論**によれば自己の個性、優れていることや強みを最大限に発揮することは自分にとっては比較的容易であり、その卓越したレベルに達した強みに基づく創造力を生かして最高の成果を上げ社会のためにより良い貢献ができる可能性があるからです。

　　そして、自分独自の身体・知性・魅力という個性を最大限に生かした自分らしいやり方で創造力を自己表現し、オンリーワンを目指（自己実現）したいということですね。

　　そのとおりです。この場合自分が最も輝ける環境に自分を置き、個性を生かし自分らしい人生を送ることが成功し幸せに生きる秘訣です。

個性

① 私たちは必ず**個性**を持っています。
② **個性を卓越的なレベルまで磨き上げ、それを基礎として創造力を発揮し、夢を叶えると同時に社会へ貢献する**ことが大切です。

2　考え方

　ここでは自分軸における基本的な「考え方」、具体的には「自分の理想像」「人生の目的」「六自力」「内発的動機」などについて説明しています。

（1）　自分の理想像と理想の実現力

　👦　自分軸を決定する場合にはまず「自分の理想像を決定」することが大切なのでしょうか。

　👓　そのとおりです。まず、**主体的に将来なりたい自分の理想的な自己イメージ**（「理想自己」）**を明確にすること**が自分軸を決定し、成功し幸せな人生を送るためには必須です。このように明確な理想を描き続け、その達成のために継続的な努力を重ねれば必ずそれが叶えられます（「**理想の実現力**」）。

　この場合、理想の自分になるための方法としては例えば、**モデリング**（自分が尊敬し憧れ[72] 理想とする人［**ロールモデル**］をまねるこ

72　**憧れ**は自他比較において、㋐良い意味では羨ましさであり、理想の姿となり、ポジティブな感情に基づき自己を奮起させる原動力や活力源となります。また、㋑悪い意味ではこれは**嫉妬**（相手に対する勝手な比較や競争心に基づく妬み）や嫉みとなり、ネガティブな感情や病気となり、その結果不幸な人生に導きます。人生を競争とみなすことや他者との比較をすることを止めることが、心が平安で幸せな人生を送るためには大切です。

と）などの方法が有効です。

 理想の実現力とモデリングですか……。私も活用したいと思います。

 頑張って下さい。この場合、潜在意識を活用してなりたい自分という自己の理想像を明確にありありとリアルにイメージすること（「**イメージング**」）によって、ホログラフィック[73]な体験をし、ワクワクして継続的な最大の努力をし、なりたい自分になり、成功し幸せな人生を送ろうということです。

 よくわかりました。

自分の理想像と理想の実現力

①明確な理想を持ち続け、その実現に向けて継続的な努力を重ねれば、その理想は実現します（「**理想の実現力**」）。

②このためには**高い理想像を繰り返し明確にイメージし、それに向かって継続的に努力する**ことが大切です。

---

[73] 「**ホログラフィック**」とはビジュアライゼーション（映像化）などによってイメージを現実のように感じることです。

(2)　人生の目的

①　人生の目的

（a）　人生の目的

😊　自分軸としての「人生の目的」をどのように設定していけばよいのですか。

🤓　自分は「何のために生きるのか」「何のために生まれてきたのか」という「**人生の目的**」は人生において最大のテーマの1つであり、人生に最大級の影響を及ぼします。これは企業経営で言えば**企業理念**[74] を定めることと同様です。この**人生の基本理念**は死生観、夢、人生の目的及び最重要な価値観などを統合したものです。

そして、人生において目の前の現実に流されず、自分軸を基礎として自分が最も望んでいる長期的で理想的な人生を送るためには、その前提として自主的に考えた自分らしい理想的な自我像（理想自己）と、それになるための心がルンルンするような人生の目的を明確化[75] し、その達成に向けモチベーションを高く維持し、今をベストを尽くして生き切ることが大切です。

---

[74] 「**経営理念**」とは何のために企業経営を行うのかに関する基本的な理念のことです。

[75] 人生の目的を持つことは自分の家を建てる場合の家の設計図と同様の意味を持ちます。これが明確化されていれば自分の思い通りの家を建てることができます。このように、目的の達成を目指して努力することは**有為**であり、そのようなことをしないものが**無為**です。

つまり、しっかりとした自分軸に基づく羅針盤、海図と人生の目的地や経路を持った船に乗ることが大切です。人生の目的を叶えるために行動している場合には、その行動はワクワクし楽しく充実感に満ちています。

😊　人生の目的は現実には十人十色であり、特定のものは存在しないと思いますが……。

🧐　そのとおりです。そして、どのように人生を生きたら良いのかという人生論的アプローチから抽象的に考えた場合、私たちの人生という時間を掛けて大好きなことをし、夢を叶え幸せな人生を過ごすと同時に社会に貢献し未来の人たちに何を残すのかという**人生の目的は大きく、㋐（最高善とされる）幸せになること、㋑（自己の枠を超えて）世のため人のために生きることつまり人のために役立つこと（社会貢献[76]）及び㋒人間性や魂を向上[77]させること**などに分けられます。

　ここではこれらのものを総合して、図表 1-10 のような人生の目的を考えています。

76　世のため人のために尽くすことは人から喜ばれ必要とされ、**自己肯定感・自己満足感**や**幸せ**が得られます。

77　人格を高め完成させることです。また、心の状態を高めることによって人間性が向上します。なお、進化論から言って人間を初めとしてすべての生物は繁栄を目指し進化向上することが自然法則です。それゆえ、私たちは常にポジティブ MS を持って進化向上を目指して生きることこそが、自然法則に合致し成功し幸せに生きる生き方です。

図表1-10　人生の目的と自己完成

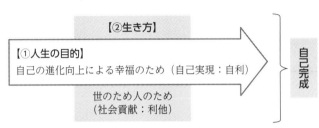

（出所）岩崎・四海、36頁。（一部修正）

　ここで長期的で一段高い視点から見た人生の目的は、①自己の個性を生かしながら進化向上し、自己の夢を叶え幸せになること（**自己実現：self realization：自利**）と同時に、②その生き方として（価値のあるものを創造して）世のため人のために尽くすこと（**社会貢献：利他**）という**自己完成**[78]（**自利利他**）を目指すことです。

　前者は自己の幸せのために、そして後者は自己が社会へどの位貢献しているのかを示し、両者で自利利他の関係が成り立っています。これと同様な考え方として企業で言えば、例えば、マイケル・ポーターのＣＳＶ（creating shared value：共有価値の創造）において、企業利益の追求と社会課題の解決という社会貢献の両立が説かれています。

　つまり、自利利他を目指すのですね。

78　「**自己超越**」とは自己を超えて自己以外の人やもののために貢献することです。

そのとおりです。そして、従来においては**利己的に「自己の利益を追求すること」（自利）によって幸せになれる**と一般的に考えられてきたが、今日の心理学では**より高い品格と視点から利他的に「他者に貢献すること（利他）の方がより自己も幸せになれる」**ことが示されています。また、この場合「利他」は自己犠牲を意味するものではなく、社会貢献しながら自己にも良い影響があるような自己と社会とがウインウイン関係となるような「自利利他」の関係です。

　そして、個人主義的な自由主義に基づく西洋的な思考においては、例えば、**自己の人間としての権利ないしアイデンティティとして**自己を中心とした自己の目的を達成するという**自己実現**が人生の目的としてしばしば掲げられます。

　最も有名なものは**マズローの欲求5段階説**です。この説では最も基礎的な生理的欲求、次に安全欲求[79] とし、最も上のものとして自己実現の欲求が掲げられています。欧米などにおいてはこの考え方が主流の考え方となっています。しかしそこでは同時に自分自身の欲求（needs）をコントロールし、どのように社会へ貢献すべきか（利他）[80] を明確に掲げていません。

---

[79]　生理的欲求や安全欲求は物理的欲求であり、承認欲求や自己実現欲求は精神的欲求です。
[80]　利他は東洋的な思考に基づく無欲ないし無我を基礎とする究極の欲求です。

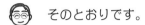　そうですね。その点社会貢献を明示している自己完成の目的の方がより 1 段質の高い概念ですね。

　そのとおりです。

（b）　人生の目的の必要性

　それでは「人生の目的の必要性」は何ですか。

　人生の目的の必要理由には次のようなことが挙げられます。すなわち、㋐明確な目的を設定することによって、無目的によそ見をし、迷いさまようことがなく、正しい道に直ぐに戻れること、㋑的を 1 つに絞ることによってその目的に集中できること、㋒目的を叶えるために細分化された小さな変化を導く 1 つの目標に集中することによって、小さな目標を達成し、その小さな目標の達成の積み重ねによって学習性自己効力感とやる気を維持し、幸せ成功サイクルに入り、最終的な大きな目標・目的を達成できるからです。

　よくわかりました。すなわち、人生の目的を自ら設定することの目的は、それによって外部から影響されコントロールされるのではなく、自己の内側から外の環境をコントロールし、自己の人生の目的を実現していくためであるということですね。

そのとおりです。そして、成功するためには自己の時間・エネルギーやお金を1つのことに集中することが大切です。人生の目的は**目先**の努力・苦労の辛さや苦しさなどではなく、**現在の努力のその先**にある喜びや幸せに目を向けて（**先見**して）いるものです。また、それは人生を生きていく上での燃えるようなエネルギーを与えてくれるエネルギー源であると共に、自己をその方向に向かって育ててくれるものです。

この場合、単に自己実現ではなく、お世話になった人々や社会への恩返しとして人が喜ぶという利他的な社会還元も同時に目指すことによって、尽きせぬエネルギーが湧いてきます。この際、人生の目的について達成日を明確化することによって、真剣にそれに向かって行動するようになるという**締切効果**があり、人生をより効率的で充実したものにしてくれます。

すなわち、人生の目的は現在の努力とその先の喜びや幸せに目を向けるものなのですね。

そのとおりです。この場合、「**人生の目的を達成するための3つの視点**」が大切です。すなわち、人生の目的を達成するためには、周知のように逆算思考に基づいて人生全体をいわゆる「**鳥の目・魚の目・虫の目**」という3つの視点から**相互関連性や一貫性**を持って設定すること（「**全体の把握と切り分け**」）が

大切です。すなわち、①**鳥の目**で全体を一段高い視点から俯瞰
的に見て客観的で長期的で全体的なビジョンとそれに基づく計
画（「**ビジョンプラン**」）を設定します。また、②**魚の目**で世の中
の流れをよく観察し、その状況で何をすればよいのかを考えま
す。そして、③**虫の目**で詳細にその内容を検討し、それを実際
に行う行動計画（「**アクションプラン**」）を設定し、それに基づいて
日々の行動に落とし込んでその行動を継続的に行います。

　　　「目的達成のための３つの視点」ですか……。早速活用
したいと思います。

②　行動のエネルギー源

　　　目的を達成するための「**行動のエネルギー源（活力源）**」
にはどのようなものがありますか。

　　　行動のエネルギー源には図表１-11のように、(1) 身体
的なものと (2) 心的なものが、さらに後者には①**自分のため**
と、②**他者のため**にというものがあります。

　身体の活力源はもちろん適度な食事と休養です。他方、心の
活力源には自分のためと他者のためというものがあります。そ
して、①自己のためというのは**自己中心的な思考**であり、思考
のベクトルが自己という内側に向いている自利的なものです。

図表1-11　エネルギーの源泉（活力源）

エネルギー源（活力源）	(1) 身体	栄養・休養		食事・睡眠・休養など
	(2) 心	①自分のため（自利的な思考）		お金・財産・地位・名誉 成長・夢・目標・志・使命感*1など
		②他者のため（社会貢献）（利他的な思考）		・大切な人や世のため人のため ・慈愛*2・利他心など

*1：社会貢献を内容とするものも含みます。
*2：最高のエネルギー源であり、他の人と喜びや悲しみを分かち合うものです。

　この思考では自分の欲求を満たすことが幸せであると考えています。この場合その人の考え方と社会一般の考え方が一致している時には、**社会の共感（エンパシー）と協力が得られる**ので成功します。

　他方、②他者のためというのは高次元の自己に基礎を置き、思考のベクトルが他者や社会という外側に向いている**利他的な思考**です。そして、この利他的な思考に基づいて行動する力が**利他力**です。この思考の人は他の人を喜ばせることが幸せであると感じます。典型的には母親のわが子に対する慈愛ある行為のように、私たちは自分のためよりも他者のための方がより頑張れ、無限のエネルギー源となります。また、自己の生活を成り立たせている他者からの様々な好意・援助・支えや恩[81]に感

81　恩に感謝する力（「**謝恩力**」）が大切です。

謝（**報恩感謝**）し、恩返ししようとします。

　よくわかりました。すなわち、お世話になった人々に対する恩返しという利他的な思考に基づけば、自己の人間性の向上ばかりでなく、社会的成功もできるということですね。

　そのとおりです。

POINT

人生の目的

① 明確な**人生の目的を設定する**ことが人生の羅針盤やエネルギー源として成功し幸せな人生を送るための大前提となります。

② 人生の目的には**西洋流の自己実現と東洋流の自己完成**があるが、後者の**自己完成は自分の夢の実現（自利）と社会への貢献（利他）とが統合された（自利利他）より一層次元の高い目的**です。

（3）　六自力

①　六自力

　「六自力」という言葉は初めて聞きました。これは何ですか。

　そうですね。この六自力は新しい言葉であり、**理想的な社会制度である民主主義・自由主義における人権、人間性や個性を大前提とするもの**です。すなわち、自分軸は自分の価値観などに従うものなので、その生き方として六自力がその前提と

なります。ここで「六自力」とは自分が意思決定や行動を行う際に**自分の心が持つべき6つの精神的な力**（「6つの自己の精神力」すなわち「**六自力：自由・自主・自律・自立・自尊・自燈という精神力**」）のことです。

　ここで、①「**自由**」とは思考や行動を他からの強制ではなく、自らの意志に由っていこうという精神のことです。すなわち、**他者からの強制や他者に対する期待や依存がない**時に私たちには本当の自由があります。**究極の自由**はどのような状況においても自己の道や態度を自らの意志によって選ぶ自由です。このように自由には自主性と選択権が必須であると同時に常に責任が伴います。

　また、②「**自主**」とはすべてのことを他によらず、自ら主体的に考え行動していこうとする精神のことです。そして、③「**自律**」とはすべての刺激や出来事について直接感情的に反応せず、理性に基づいて、（他から律せられるのではなく）自ら統制して考え行動していこうとする精神のことです。さらに、④「**自立**」とは経済的・思想的に他に依存せず、自己の独立性を確保しながら考え行動していこうとする精神のことです。

　他方、⑤「**自尊**」とは自己イメージや自己肯定感を基礎として自己の存在価値（「**人間としての自己の価値**」）を認め、自分自身

や**自己イメージに対して誇り**を持ち、自己を愛し尊重し、自己（そして他者）を大切にし、自己の人間としての品格・尊厳において心豊かに社会貢献するというような善いことを行い、反対に社会に迷惑をかけるような悪いことを行わないように自己責任を持つ精神のことです[82]。この心が**自尊心（プライド）**です。これに関連して自分は善良で価値のある存在であるという自己イメージや自己肯定感を高めることが大切です。

　最後に、⑥「**自燈**」とは（真我に目覚め）正しい見識を持ち、よく自己統制され、一人前の人間となった自分自身（真我）を拠り所として本心良心に基づき自ら燈火で人生の正しい方向性を照らし出し決定していこうとする精神のことです。これはよく制御された自己が自分軸を持って生きることです。

　よくわかりました。これから「六自力」を活用していきます。

　是非活用下さい。

② 六思力

　「**六思力**」も初めて聞きました。これは何ですか。

　これも新しい言葉です。すなわち、「**六思力**」とは物事

82　自尊心は心の内にしっかり持っていることが大切であり、外に出して傲慢にならないようにすることが必要です。

を考え判断する上でより正しく安定的な判断を行うための思考法のことです。

　ここで、①「**長期的思考法**」とは長さについて物事を**短期的思考法**ではなく、長期的に考える方法のことです。②「**全体的思考法**」とは全体性について物事を**個別的思考法**ではなく、全体的に考える方法のことです。③「**多面的思考法**」とは検討視点について物事を**一面的思考法**ではなく、多面的に考える方法のことであり、これによってより真実が明らかになり、より正しい判断ができます。④「**本質的思考法**」とは質や深さについて物事を**表面的思考法**ではなく、その背後にある本質的事実や真理に着目し本質的に考える方法のこと、すなわち物事や現象の本質や真理に目を向けるものです。

　⑤「**倫理的思考法**」とは倫理道徳について物事を**非倫理的思考法**ではなく、倫理観に基づき倫理的・道徳的に考える方法のことです。倫理性や道徳性のある生き方が長期的には成功し幸せになれ心の平安が得られる生き方です。これは例えば、ＳＤＧs[83]において平等で持続可能な未来を築くために、倫理的な行動を取ることが私たちに求められていることなどです。

　⑥「**無我的思考法**」とは我について物事を自我に基づく**利己**

83　「SDGs」（sustainable development goals）とは持続可能な開発目標のことです。

的思考法ではなく、無我的に考える方法のことです。

　どれも有用な思考法ですね。また、**倫理的思考法**や**無我的思考法**は初めて聞きました。

　成功し幸せな人生を送るためには、これらもとても有用な方法です。

③　三断力

　「三断力（さんだんりょく）」も初めて聞きました。これは何ですか。

　これも新しい言葉です。すなわち、「**三断力**」とは正しく物事を判断し、決断し、断行することによって夢を叶え幸せな人生を送るための実践力（「**判断力・決断力・断行力**」）のことです。ここで①「**判断力**」とは物事の正しい判断を行う能力のことです。この場合にはできるだけ多くの情報を集め、様々な意見や知識を結集して判断を行うことが大切です。この正しい判断力がこれら三断力のうち最も重要です。なぜならば、判断は結果の方向性を決めるからです。それゆえ、この判断に迷った場合には、直感[84]・内なる声ないし本心良心に従って行うこと

---

[84]　「**直感**」とは物事を内側の潜在意識からのメッセージである閃きなどの感覚で捉えることであり、座禅などによって直感力を磨けば、**鏡**のようにその回答を瞬時に映し出し、直感が与えられます。そして、直感に従う場合ワクワクすることは早速実施し、反対に嫌な予感や迷うことは行わないことです。他方、「**直観**」とは物事を論理的に捉えるものです。

が後から後悔しない方法です。②「**決断力**」とは物事を行うか否かを正しく決断する能力のことです。決断とはそれを実行することへの勇気ある覚悟を表します。なお、この判断力と決断力を合わせたものが意思決定力です。

③「**断行力**」とは行うと決断されたことを断固として実行する能力のことです。一旦決断した事項は信念を持って途中でどのような苦難があろうとも最後までやり抜くことが大切です。

すなわち、「**判断→決断（意思決定）→断行**」によって目標を達成しようということですね。

そのとおりです。また、変化の著しい現在においては物事を行うのにスピード感をもって直ぐに判断（即判断）、直ぐに決断（即決断）及び直ぐに断行（即断行）することが大切です。そして、たとえ上手くいかなくても、直ぐに改善し成果に結びつけていくことが重要です。

> **POINT**
> ### 六自力・六思力・三断力
> ①自分軸で成功し幸せな人生を送るためには**六自力・六思力・三断力**を持つことが前提となります。
> ②現在においては即判断・即決断・即断行も重要になってきています。

（4）　自己肯定感

😊　夢を叶え幸せな人生を送るために「自己肯定感」はどのように役立つのでしょうか。

😊　「**自己肯定感**」とは現在の自己の良いところ悪いところ、強みや弱みを含めて**すべてを事実として肯定し、ありのままに**受け入れ、自己を存在価値のあるものと肯定的に受け止めるという感覚のことです。成功し幸せな人生を送るためには自己肯定感がとても大切です。

　すなわち、自己肯定感があると自己同一性（**アイデンティティ**）が肯定され、自己の思考や行動が主体的になります。この**自己肯定感を高める方法**として例えば、㋐成功を重ねること、㋑他者に親切・貢献すること、㋒自己決定感を高めること、㋓他者から承認されること、㋔３つの良いこと法[85]、㋕足るを知ること（知足）、㋖自己暗示などの方法があります。

　このような自己肯定感のある場合には、図表 1 - 12 のように、一般に「今ここで満たされており有難い！」という**自己満足感**[86]、自己重要感[87]や自尊心も高く、したがって満足思考に

---

[85]　「**3GTs**」（three good things）とは今日の３つの良いことを書き出し感謝する方法のことです。
[86]　「**自己満足**」「自己充満」「自己充足」とは現在の自己が満ち足り、それに満足しているという感覚のことです。
[87]　自己重要感を持つことによって私たちは自尊心を保持しています。自己重要感が満たされない場合に、一般に自慢や他人をけなすことなどが行われます。

図表1-12　自己充実感と欲望

（出所）岩崎・四海、47頁。（一部修正）

基づき自分に余裕や優しさが溢れ出て他人を慈愛で包むように、他の人に対しても寛容であり、親切にしようとする慈愛も自然に湧き出てきます[88]。

　よくわかりました。やはり自己肯定感が高いと確かに一般に良好な人間関係が築け、お互いの専門的能力を出し合い協力すれば、シナジーが期待できますね。

　そのとおりです。

　他方、自己肯定感の低い人は一般に自己満足感、自己重要感や自尊心も低く、不満や欠乏という不完全な状態である自己不

---

[88]　利他の心（利他精神）に基づくボランティア活動には自主性・利他性・無償性や社会性という性質があります。

足感があり、それゆえ自己に不足する部分を他のもの、例え
ば、名誉やお金（名利）などで補充（**自己同一化**[89]）しようとし、
また何かに依存[90]する傾向があります。そこで、不足思考に基
づきこれらのものへ強い金銭欲や名誉欲などの欲求[91]が生じ、
「もっと欲しい！」というエゴ（自我）が一層強くなる傾向があ
ります。

　なお、**欲求それ自体は善くも悪くもありません。すなわち、
得られた地位財を自分ばかりではなく、社会のためにも役立て
ていくという視点が大切**です。

　よくわかりました。自己肯定感を自分軸との関連で考え
れば、自分軸に従えば評価のぶれが少ないので自己肯定感を高
く保つことが容易ですが、反対に他人軸に基づけば一般に評価
のぶれが激しく自己肯定感を保ち続けることは容易ではありま
せんね。

　そのとおりです。

89　吉田利子訳、エックハルト・トール著『ニュー・アース』サンマーク出版 2013、
　63 頁。
90　**依存の対象**には例えば、お酒やたばこなどの「物」、友達、両親や神などの「人間
　関係」やゲームやスマホなどの「行為」などがあります。
91　欲求や欲望は最も基礎的な**生存欲求（生存欲）**から生じ、三毒（むさぼり・怒り・
　無知）などの原因になります。

POINT

自己肯定感

① 自己肯定感や自己満足感などが高い人は一般に他者に対して寛容
であり、より良い人間関係が築ける可能性があり、成功し幸せな
人生を送れます。

② 自己肯定感や自己満足感が低い人は一般にその不足感を財産や名
誉などで補充しようとし、私利私欲が強くなる傾向があります。

（5）　内発的動機

① 　動機付け

　最も有効な**「動機付け」**について教えて下さい。

　動機付けに関しては、自分のやりたいことをしながら心
豊かに社会貢献することが大切です。この場合、やる気・士気
や熱意のことを**モチベーション**（motivation）といいます。

　この**モチベーションは心が「快」の状況**すなわち陽気で**ワク
ワクしポジティブになった時に生じます**。そして、このやる気
を起こさせることが**動機付け**です。このように、そのことがワ
クワクするほど楽しいからやるという状況の下で物事を行うこ
とが大切です。このように**脳が活性モードの状況では意思も感
情もポジティブで脳が活性化され集中でき、創造力や潜在能力
が高度に発揮され、効率性や成果も上がります。このワクワク**

した状況ではやりたいことをするのでそのことは全く苦にならずストレスもたまりません。この状態では心身ともリラックスしかつ時間の経過が分からずに現在していることに意識が集中し、対象物と自己が一体化している状態であり、いわゆるフロー[92] に入ってただ夢中でそれをしているだけの状態です。

　この状態では自己・雑念・感情・自動思考がなく[93]、ストレスがなく、集中しているので自己の本来持っている潜在能力が最大限発揮でき効率性も上がります。そして、それは事後的にはとても「楽しい」「充実した」時間であったと回想されます。

　😊　よくわかりました。すなわち、この理想的なフローの状態になって今をもっと楽しみましょうということですね。

　😀　そのとおりです。そして、モチベーション理論によれば、図表 1‐13 のように、動機付けには内発的動機付けと外

92　**「フロー」**とは**ゾーン**や**三昧**とも呼ばれます。

93　**フローの真っ最中の状態**では一般に内発的動機などに基づき行為そのものに価値を見いだし、ありのままの姿を見ており、していることのみに夢中となり完全に集中し周りが何も見えなくなっており、時間の感覚もなく意識と行為が融合し一体化しており、自分自身やわが物という意識さえなく（「自意識や所有意識」「自分の世界や物の世界」がなく）、自分の行為をコントロール可能であるという感覚があり、今現在の主観的な状態として「楽しい」などの感情はなく、過去の回想的な思いとして「楽しかった」「集中していた」というものです。他方、一般に利害得失や不可解のことが生じた時に意識が明確になります。また、**快の状態**では今現在において楽しいという感情があります。フローに入っている状況は自他一如の対象物のない心の集中状態です。感覚的認識や経験から離れた純粋意識としての本当の自己の主体で活動している状態です。なお、このような自意識のない無心状態にある状態は例えば、三昧（フロー）・メタ認知・（ヨガや座禅などの）瞑想などの時に見られます。

図表1-13　動機付け

| 動機付け | ㋐純粋動機 | 内発的動機付け | ・本人がそのことを行う行為そのものをモチベーションとする内的で自発的なもの
・結果よりも動機やプロセスの重視 |
| | ㋑損得動機 | 外発的動機付け | ・外的な報酬、地位、名声、賞罰や強制などをモチベーションとするもの
・動機やプロセスよりも結果の重視 |

発的動機付けとがあります。

　㋐**内発的動機付け**とは心の内側から湧き上がり、楽しいから自発的に行動するというような純粋な動機（「**純粋動機**」）付けであり、例えば、スポーツ、ゲーム、夢・目標の追求などのように、言わば「一人で遊びを楽しむこと」と同様であり、本人がそのことを行う行為そのものをモチベーションとする内的なもので、私たちに生来備わっているものです。この動機付けは短期的なものから長期的なものまで様々なものがあり、自由な創造性が発揮されます。

　他方、㋑**外発的動機付け**は外部的に条件付けられた損得勘定に基づく動機（「**損得動機**」）付けであり、例えば、「それをすれば報酬がもらえる」というように、外的な報酬、地位、名声、賞罰や強制などをモチベーションとするものです。この動機付けは外因的な刺激がなくなった場合には、元の自然で心地よい快

適領域へ戻ろうとする心理的な恒常性（ホメオスタシス：**元通り効**
果：慣性の法則）が自然に働きます。

　すなわち、このように長期的に持続可能なモチベーショ
ン維持法は内発的動機付けに基づきワクワクするようなことを
し、それを継続している自分を褒め、愛することですね。

　そのとおりです。この**やる気**を向上させ、「**思考・気持**
ち・行動というすべてのものが楽しくワクワクし完全にポジ
ティブな状態」を作り上げていくことが大切です。

②　内発的動機付け

　自分軸においてなぜ「**内発的動機 (intrinsic motivation)**」
が重要なのですか。

　自分軸の出発点は自己の内発的動機であり、例えば、遊
びなどに典型的にみられるように、自分が「〜したい (want to)」
という自己の「**快**」という内因的な原理である主体的・自発的な
気持ちから燃え上がる強力な思考（「**したい思考**」）や行動（「**したい**
行動」）が出発点です。これは**自己の内部の主体的で強力な願望**
（快）からの行為そのものです。それゆえこれは人生や物事に取
り組む姿勢が積極的で、したいことをし、することを楽しむもの
であり、名誉やお金などの外部的な報酬は全く必要ありません。

すなわち、内発的動機付けは外部的なインセンティブが不要だからですね。

そのとおりです。この場合、よくスポーツ選手で内発的動機に基づくアマチュアの段階ではスポーツをすること自体が好きで楽しかったけれども、プロに転向し、優勝し賞金をもらうためという外発的動機に変わるとスポーツをすること自体が楽しめず、苦しくなりスランプに陥ったりすることも少なくないということです。なお、この**内発的動機の長所**には図表 1－14 のようなものがあります。

図表1-14　内発的動機の長所

・自主的な内から燃え上がるものであること
・集中力が高いこと
・自己決定感と自己完結性があること
・効率性・生産性が高いこと
・やらされ感がなくストレスが少ないこと
・外発的動機付けや報酬が不要であること
・することが楽しいこと
・モチベーションが高いこと
・自己成長感や自己満足感が得られること
・達成感が得られること
・継続的なワクワク努力ができること
・夢や志が叶いやすいこと
・成功し幸せになりやすいこと
・より多くの社会貢献ができる可能性があること
・逆境に強いこと
・悔いのない充実した人生を送れることなど

③　快不快の法則と動機付け

（a）　快不快の法則と動機付け

😊　関連するものとして「**快不快の法則と動機付け**の関連」はどのようなものでしょうか。

😀　私たちの最も基本的で根源的な動機付けには、図表1-15のように、私たちの根源的な本能である感情脳（である大脳辺縁系[94]の潜在意識）から発せられる感情に素直に従った「**快不快の法則**」[95]があります。すなわち、私たちはある刺激に対して

94　**脳の構造**は3層構造をしています。すなわち、㋐最も古い脳で自律神経やホルモン系などの生命維持活動を司る**脳幹**（いわゆる**生命脳・爬虫類脳**）、㋑次に古い脳で食欲や睡眠欲などの本能や好き嫌いなどの感情などを司る**大脳辺縁系**（旧皮質いわゆる**本能・感情脳・哺乳類脳**）、及び㋒最も新しい脳で知覚や思考などの理性的な活動を司る**大脳新皮質**（いわゆる**理論脳**ないし**思考・理性脳・人間脳**）です。なお、脳ないし心の働き方は、論理型と直感型の2つがあります。**論理型**は1つひとつ意識的に論理を組み上げていくもので、どちらかといえば左脳で論理的に考えるものです。他方、**直感型**は意識的で理論的な思考を経ずに、無意識のうちに**潜在意識から発せられるメッセージ**である予感・直感・イメージ・インスピレーション・閃き・アイデアなどをリラックスしている状態で直感として感じ取るという**閃き体験**です。直感が優れている人は、一般の人と比べて一般に先見の明があり、将来どのようなことが起こるかを見通す力が強いようです。右脳で閃きイメージし左脳で言語化し論理的に内容を詰めて実行します。脳は同時に2つのことを考えることはできません。また、**第2の脳**と呼ばれる自律神経の束が**みぞおち**にある**太陽神経叢**です。これは精神・内臓などを統括しています。なお、例えば、梅干しを思い浮かべるだけで唾液が出てくるように、脳には現実とイメージ（想像）を区別することができません。それゆえ、自己の理想の姿をイメージすることで脳はそれに相応した状況を引き寄せると同時にそのような行動を取るように導きます。

95　「**快不快の法則**」（**快楽説・快楽原則**）とは私たちは快いことを求め、不快なものを避けようとするという法則です。それゆえ、魅力は与えることによって生じ、求めることによって消滅します。この場合、快の幸せには例えば、美味しい食事をするなどの一時的な幸せ（「**快楽の幸せ：ヘドニア**」）と例えば、自己成長のための活動やボランティア活動などの意義のあることに励む幸せ（「**持続的な幸せ：ユーダイモニア**」）があります。

図表1-15　快不快の法則と動機付け

快不快の法則		動	機	付	け
①快	追求	接近動機付け（快感スイッチ）	ポジティブな想定	積極的な思考・行動の促進	思考の拡張や創造性の発揮など
②不快	回避	回避動機付け（不快感スイッチ）	ネガティブな想定	回避行動の促進	思考の制約や闘争逃走反応など

扁桃核が気持ちいいという「快」を感じた時にドーパミンが分泌されワクワクし、そのものをポジティブに受け入れます。そして、それを追求（快楽型の「接近動機」）し、そのための行為は苦もなく継続的に行えます。その結果として自己の無限の創造力[96]や**潜在能力を引き出し発揮**できます。

　すなわち、脳はその楽しいことを続けようとします。反対に義務感などに基づく面白くないというネガティブな感情である「不快」に感じたものを回避しようとし（脅迫型の「**回避動機**」）、本来持っている創造力や潜在能力の発揮を抑制します。言い換えればネガティブな感情には不快を感じ、ストレスホルモンが分泌され思考の範囲を狭め**闘争逃走反応**を生じさせます。

　わかりました。快不快の法則を上手く使うと有効ですね。

　そのとおりです。このように感情に素直に従った場合に

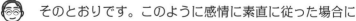

96　思考や想像力は無限なので創造力も無限です。

はこの快不快の法則が発現します。この場合、**一般に好きなこと・楽しいこと・興味あることという快の気持ちいいことは自然と長続きし幸せになれます。反対に嫌なこと・辛いこと・興味のないことという不快なことはあまり長続きしません。**

　この場合**感情（好き・嫌いの感じ）は思考（理論）よりも強く、**いくら理論[97]的に思考して義務感で「こうすべきである」という結論を下したとしても、「したくな〜い！」という感情の方がより強く発現します。

　（顔）　よくわかりました。すなわち、現実の社会において良い成果が得られるように、この動機付けの法則を上手く活用することが大切であるということですね。

　（顔）　そのとおりです。すなわち、自己のあまり乗る気のないことについては前掲の図表 1 − 15 のように、**回避動機付け（不快感スイッチ）**を活用し、それがなされない場合のネガティブな結果を想定し、それを回避する行動を取ります。

　例えば、「それをしない時には、会社を首になる」という結果を想定し、そのようなことは当然回避したいのでそのことを行うための動機付けを行うものです。反対に自分にワクワクしたやる気のある場合には**接近動機付け（快感スイッチ）**とチャレ

97　論理の反対語には非論理・直感・感情などがあります。

ンジ反応を活用し、それがなされた場合のポジティブな結果を
リアルにイメージ（視覚化：イメージング）し、それを前向きに行
う行動を取らせます（「**イメージ法**」[98]）。例えば、「それをした場
合には夢が叶う！」というような結果を想定し、そのことを行
うための動機付けを行うものです。

（b）　やる気と行動

　　なかなか「やる気が出ない」時に、どのようにすればや
る気が出ますか。

　　やる気が出ないので先延ばししそうな時に、心理学的に
は**「やる気は作業を始めてから出てくる」**ので、「**やる気を出
させる方法**」はまずとりあえずやるべきことを始めることで
す。この場合、容易にできるようにそれを小さく始めること
（**ベビーステップ**）によって第一歩を踏み出すことが大切です。
　そして漸進主義で行動をしていると小さな成功体験がドーパ
ミンを放出し、自然に**作業興奮**が起こり、調子が出てきてやる
気の引き金が引かれ、段々と本格的なやる気が出てきます。こ
れによって**学習性自己効力感**が身に付きます。

98　**イメージ・トレーニング**は夢や目標の達成のためにとても有用な方法であり、ス
　ポーツなどでよく活用されています。

🙂　すなわち、**行動**（ベビーステップ）→ **作業興奮** → **調子の向上** → **やる気** → （本格的な）**行動**ですね。

😎　そのとおりです。なお、反対に回避動機付けを活用して、それを行わない時のネガティブな状況を想定し、それを回避するためにやる気を出すという方法もよく用いられます。

（c）　本当のやる気

🙂　「本当のやる気」はどのような時に生じますか。

😎　本当のやる気は、㋐思考（意識の状態）がポジティブであり、かつ、㋑内発的・外部的に動機付けられたポジティブ感情の下で発揮されます。すなわち、**思考も感情も共にポジティブな状態であることが本当のやる気を出すために大切**です。

　そして、このように心の奥底から湧き上がるワクワクしたポジティブ感情で考えかつ行動すれば、苦しいことに遭遇しても頑張れるし、努力も苦と感じないしストレスも強くは感じないので自然に成功し幸せになれる可能性は非常に高くなります。

🙂　わかりました。つまり、**ポジティブ思考 ＋ ポジティブな感情**（＝やる気）**＋ 努力 ＝ 成功・幸せ**であり、常に**ポジティブ思考習慣**（積極思考習慣）を身に付けていることが大切なのですね。

😎　そのとおりです。

（d）　やる気行動と習慣行動

　行動にはいつもやる気が必要なのでしょうか。

　必ずしもそうではありません。なぜならば、図表1−16のように、やり方によってやる気（意志の力）を必要とするものとそうでないものとがあるからです。

図表1-16　やる気行動と習慣行動

行動の種類		モチベーション		具　体　例	備　考
行動	①やる気行動	やる気意欲	必要	通常のもの	両者の適切なバランス
	②習慣行動*		不要	条件型計画や条件付け（習慣的「当たり前行動」）など	

*：「習慣（的当たり前）行動」：やる気（意志の力）を必要とせずに、無意識に当たり前のこととしてできる行動。

　すなわち、私たちの「**行動のパターン**」には、①やる気・意欲やモチベーションなどに基づく行動（「**やる気行動**」）と、②やる気を必要としない習慣的に当たり前のこととして潜在意識において自然にそれがなされる行動（「**習慣行動**」ないし「**習慣的当たり前行動**」）の2つがあります。

　一般には前者のやる気行動によることが少なくありません。それゆえ、あることを行おうとする場合、それを行う必要があるという情報を単に与えただけでは不十分であり、心が変化し

やる気が出なければ行動は行われません。

　他方、人間は習慣の動物であり、やる気を必要としない習慣行動としての「**条件付け**」（**アンカリング**）や「**条件型計画**」[99] を活用して習慣化することが大切です。例えば、食事をしたら歯を磨くことなどを上手く活用して事前にいつ何をするのかやるべきことを明確にし、習慣として行うことが大切です。これは一般的には「**ルーティン**」として知られています。

　それゆえこの習慣行動の量を増やし、その基準を上げてやれば、やる気を必要とせずに、多くの物事をレベルの高い品質で習慣として当たり前に実行することができます。もしこのことができるようになり、かつポジティブ思考習慣で生きればやる気を必要とせずに、習慣的な当たり前のこととして成功し幸せな人生を送ることができます。

　よくわかりました。すなわち、習慣行動は夢を叶えるためにとても有用なものですね。

　そのとおりです。是非ご活用下さい。

99　「**条件型計画**」（if-then planning）とは「もし……したら、……する」という条件付けの計画のことです。同様に「**条件付け**」（**アンカリング**）とは例えば、「電車に乗った場合には読書をする」というように、一定の刺激で高い効率や成果という反応を得るために行う一定のルーティンやポーズなどのことです。

(e)　目標と動機付け

　「目標は動機付けにどのように活用」できるのですか。

　動機付けにおいて夢や目標は動機付けそのものです。夢や目標を達成するためには最終的で長期的な結果目標のみならず、それを達成するための行動目標を設定し、それを測定し検証するという進捗管理を行いながらそれを達成することが大切です。

　わかりました。それとの関連で「目標設定と高い目標達成力」を身に付ける方法を教えて下さい。

　目標設定はできるだけ詳細に設定する必要があり、目的に沿って少なくとも期限や数値目標などを具体的に明示した**測定可能目標**として設定します。他方、達成すべき目標（**達成目標**）には**必達目標**と**任意目標**がありますが、前者には㋐他律的な「**ノルマとしての必達目標**」と㋑自発的な「**（夢としての）必達目標**」があります。このような目標を達成できる人とできない人の差異については、図表 1−17 のようなものがあります。

図表1-17　目標を達成できる人の一般的な特徴

・心身のバランスが取れ、健康であること
・ポジティブ思考であること
・モチベーションが高いこと
・条件型計画（習慣行動）の基準を上げられることなど

よくわかりました。目標は測定可能目標として設定するのですね。そして、高い目標達成能力がある人は一般にポジティブでモチベーションが高いのですね。

　そのとおりです。

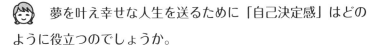

> POINT
> ## 内発的動機付け
>
> ① 動機付けのうち最も持続的で強力なものは自分が心からやりたいと思う内発的動機付けです。
> ② 快不快の法則を活用して上手く動機付けを行うことも良い方法です。
> ③ やる気を待っていてはなかなかやる気は出ません。まず簡単なことから始めて作業興奮を起こすことがポイントです。
> ④ やる気がなくても習慣行動としていれば自然にそのことが苦も無く行えます。
> ⑤ 目標は測定可能目標として設定し、ポジティブ思考で高いモチベーションを維持します。

（6）　自己決定感

①　自己決定感

　夢を叶え幸せな人生を送るために「自己決定感」はどのように役立つのでしょうか。

　自分軸に基づき幸せな人生を送るためには自己決定感がとても大切です。ここで「**自己決定感**」とは人生において生じ

る課題や問題などについて自分が主体的にその解決策を決定しているという感覚です。この自己決定感がある場合には自己が意思決定に参加しているので当事者意識（主体性）が高くなり、物事に対する取り組む姿勢が積極的となり、ワクワクしてモチベーションが湧き責任意識も強くなり、継続的な努力をしていくことも惜しまなくなり、密度の濃い時間が過ごせます。

　さらに苦境に遭遇しても逆境力を発揮できます。その結果として良い成果が期待でき、幸せになれる可能性も高くなります。

😊　なるほど……やる気や幸福感は自分で決定したかどうかに依存するということですね。

😎　そのとおりです。なお自分で決定する場合には、㋐常日頃からアンテナを立て、できる限り多くの有用な関連情報を集め、その情報や事実に基づき理論的に熟考すると同時に、㋑自己の潜在意識からの内なる声（直感[100]）があればその直感も考慮し、両者をバランスよく考慮し最終的な意思決定をしていくことが大切です。また、この自己決定感を高めるとやる気、自己肯定感や幸福感も高まります。

　なお、自己決定の裏側として自己責任も伴います。

---

[100] **直感を得やすい状況**としては例えば、瞑想中、睡眠中、入浴中、トイレ中、散歩中など無為自然でリラックスし心地よい状態でいる時すなわち心が開かれ受動的な状態でいる時です。

②　変えられることと変えられないこと

ところで、反対に「自己決定できないこと」はどうすれば良いのですか。

人生において「**自己決定できず、変えられないこと**」には例えば、過去、自然現象、自分の両親や年齢、出生国などの宿命[101]、他人の思考などがあります。反対に、未来や自分の思考などは自己決定し変えることができます。この自己決定不能なことと可能なことは、言い換えれば①コントロール不能事項と②コントロール可能事項ともいえます。ここで①「**コントロール不能事項**」とは例えば、他者の性格などのように、関心はあるが影響を及ぼすことができない事項のことです。他方、②「**コントロール可能事項**」とは例えば、自分の夢のように、関心がありかつ影響を及ぼすことのできる事項のことです。

　この場合、コントロール不能事項については影響を及ぼすことができないので、無駄な努力や抵抗をせず、それをすべて素直に受け入れることが大切です。このような自分でコントロー

101「**宿命**」とは宿る命ということで、その人が持って生まれた変えることができないものであり、例えば、両親、出生国、出生年などです。また、「**運命**」とは運ぶ命ということで、その人の努力で何とか変えることができるものであり、例えば、社長になることなどです。そして「**使命**」とは天から使わされた命ということで、自己の枠を超えて世のため人のために命を懸けて達成するものであり、命の使い方とも解釈できます。このように解釈する場合には**志**と近い内容となります。

ル不能なことに抵抗することは自己無力感[102]、心配、恐怖、怒り、悩み[103] やストレスを感じ、最悪の場合にはうつ病や引きこもりなどに発展する可能性があります。

　他方、コントロール可能事項については影響を及ぼすことができるので、自己の目的の達成のためにその事項に時間やエネルギーを集中的に投入し、最大限の努力をすることが大切です。

　　よくわかりました。このように、コントロール不能事項とコントロール可能事項を明確に区別して考え、対処することが大切なのですね。

　そのとおりです。

③　意思決定

　自己決定に関連して意思決定は「常に即断即決が良い」のでしょうか。

　意思決定は一般に即断即決即行（「**即今主義**」）が良いとされています。従来からわが国の意思決定の遅さには定評があり

---

102 なお、平和を願うウクライナ戦争などへの反戦運動は非常に**微力**ですが、**無力**ではありません。
103 **悩み**の多くは**好き嫌いや快不快**に基づく**執着・こだわり・我**すなわち自分の欲求が満たされない不足や不満から生じます。この場合には、捨我によって解決される可能性があります。なお、悩みには「自分自身に関する悩み」と「その他の悩み」とがあります。

ましたが、例えば、周知のように新型コロナに対するワクチン政策を見ても、欧米の意思決定や行動の速さに比べてわが国の遅さは際立ったものでした。しかし、意思決定が遅いことは必ずしも悪いことではありません。すなわち、意思決定をする場合の前提条件がそれぞれの場合に応じて異なり、ケース・バイ・ケースです。

　すなわち、㋐意思決定の結果に大きなリスクが伴う場合には、必要な多くの情報を集めて慎重に意思決定（**熟慮型意思決定**）を行っていく必要があります。他方、㋑意思決定の結果に大きなリスクが伴わない場合や良いアイデア[104] がひらめいた時などには、できるだけ即断・即決・即行[105]（**即決型意思決定＆行動**）が良い結果をもたらす可能性が高いです。

---

[104] アイデアや直感などは前頭葉〔想像力や創造力などを司る場所〕が活性化している時に出やすく、潜在意識を活用してそこから直接示される良い直感を得るためには、普段の日常生活が大切です。すなわち、仕事でも研究でも良い直感を得たいことについて、顕在意識に基づき理性的・意識的に考え、試行錯誤を繰り返すことによって、直感が閃くように養育し準備を行うことです。このプロセスを繰り返すことによってこの顕在意識的な思考回路が強化されます。また直感は心身共に無為自然でリラックスしくつろいだ状況で生じやすいことが知られています。そして、半覚醒的な状況である寝る直前にもう一度、顕在意識でその問題を考え、それを潜在意識に問いかけ引き渡します。そうすれば潜在意識はいつか必ずそれに一瞬の直感という形で応えてくれます。この場合、完全にリラックスして寝ている間に良いインスピレーションを得た場合、そのままにしていると直ぐに記憶から消えてしまいますので、枕元にメモ用紙と筆記具を常においておく必要があります。

[105] なお、物事をどのような順序で行うかに使われるツールが一般に **2×2マトリックス**すなわち重要性と緊急性のマトリックスです。

よくわかりました。前提条件に応じてケース・バイ・ケースということですね。

 そのとおりです。

 自己決定感

① 自己決定感があると当事者意識が湧き、やる気が出、良い成果が期待できます。

② コントロール不能事項はあるがまま受け入れ流し、反対にコントロール可能事項は最大限努力します。

③ 状況に応じて熟慮型意思決定または即決型意思決定を行います。

3　行動

　ここでは自分軸における前述の「考え方」に基づいて行われる「行動」の仕方、具体的には「職務の自己目的化」「習慣化」「自己暗示」などについて説明しています。

（1）　職務の自己目的化
① 　職務の自己目的化

 「自分軸で生きると社会との調整が上手くいかないのではないか？」と思いますが。

　その問題に対する有効な回答の１つが周囲から期待・要求される役割や仕事などの「**職務の自己目的化法**」です。この方法による場合には、**高い当事者意識（主体性）を伴った自発的な思考や行動**によって、社会的に期待されている役割・仕事を嫌々ではなく、より積極的・効率的にストレスなく、楽しく遂行することができます。

　なるほど……自己の果たすべき「役割や仕事を自己目的化」するのですね。

　そのとおりです。すなわち、私たちは社会において日常的に様々な役割を果たしながら生活しています。このような社会・会社・家庭などにおいて自分が果たすべき役割や仕事などの職務について、次の２つの考え方ができます。

　つまり、㋐ 特別なことを考えずに、役割などを普通どおり果たしていく方法（「**通常法**」）と、㋑役割などを自己目的化し、高い当事者意識（**主体性**）と目的意識をもって、それに積極的に取り組む方法（「**職務の自己目的化法**」）で、自己コントロール型の方法です。すなわち、どうせやらなければならないことであれば、その役割・仕事を他人事としてネガティブに嫌々ながらやるのではなく、ポジティブ思考に基づいて自分事と（「**自分事化**」）してポジティブに前向きに楽しくやることです。より具体

的にはそれを他者の基準ではなく、感情をポジティブなものに切り替えて自分の仕事（自分事）として目標を設定し、その目標を達成するために自分の立てた実行計画に基づいて積極的にそれに取り組むものです。この「**職務の自己目的化の長所**」には、図表 1‑18 のようなものがあります。

図表1-18　職務の自己目的化の長所

・自主的・積極的に「～したい」「楽しい！」「ワクワクする」ことを行うので集中し三昧になりやすいこと
・心が楽であり、「～させられている」というやらされ感がなく、ストレスも少なくやる気も出ること
・楽しく生き生きとして継続して行うことができること
・効率性や成果も上がること
・責任感も高まり、期待されたこと以上のことを行うことによって他者からの評価も高まること
・幸運も引き寄せてくることなど

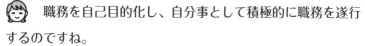 職務を自己目的化し、自分事として積極的に職務を遂行するのですね。

そうですね。この場合に仕事を究めるためにはそれに興味を抱き積極的にそれに情熱を傾け、それを楽しむことが大切です。さらに、成功し幸せに生きるためには仕事に対する心掛けとして「期待された以上の仕事をすること」「対価以上の仕事をすること」「人一倍の仕事をすること」です。

　このように役割や仕事は単にこなすべき役割や仕事ではな

く、職務の自己目的化によって仕事とその先のものとして**仕事を通して自己を表現し心を磨くことすなわち自己の生き方として自己の魂や哲学を現実の社会に現わしていくこと**が大切です。

② 労働観

 仕事に関連して「働くこと」をどのように考えますか。

 人生においては「仕事に対する姿勢や労働観」がとても大切です。そして、仕事に意義を見いだせるか否かが成功し幸せな人生を送れるか否かの分水嶺となります。この労働観には一般に労働対価説・労働職人説・労働使命説があります。

㋐「**労働対価説（労働：job）**」とは労働そのものに着目して労働をただの作業と見て、労働は対価を得るために働くもの、すなわちお金を稼ぐための手段であり苦痛であると考えるものです。この場合、一般に仕事自体に意義を見いだせず、それゆえ対価は高いほど良く、労働時間は短いほど良いと考えます。

 この考え方を取る人もしばしば見られますね。そして、この考え方を取る場合には FIRE（financial independence, retire early：経済的自立と早期リタイア）を望む人も少なくありませんね。

 そのとおりです。

㋑「**労働職人説（仕事：career）**」とは労働とその先を見て、自

分はその仕事の専門家としての誇りを持ち、仕事を自己の表現手段と考え、良い労働を通して良いサービスを提供することによって、顧客に喜んでもらうことと同時に自分を成長させるために働くというものです。それゆえ、一般に仕事自体に意義や面白さを見いだし、対価以上の労働をします。

 一般的な人はこの説を採用していますね。

 そうですね。

最後に㋦「**労働使命説（天職：calling)**」とは労働とその先を見て、その仕事は自分が好きで天から与えられたなすべき天職であると考え、ワクワクしながら情熱を持って仕事をするものです。ここでは仕事に大きな意義を見いだし、その仕事はとても有意義であり、対価以上の労働を行います。

③　効率性とやることリスト

 仕事などを「効率的にする方法」はありますか。

 仕事などは効率的であることが望ましいということは言うまでもありません。この「**効率性向上法**」には、図表 1 - 19 のようなものがあります。

 いろいろな方法を教えて頂き有難うございます。是非活用させて頂きます。なお、関連することで「複数課題の効率的

図表1-19　効率性向上法

・午前中に作業すること（前夜に長い休息を取っているので）
・休養を十分取ること（健康で積極的な場合の方がより効率的であること）
・1つのことに集中すること（シングルタスク脳）
・三昧（フロー）に入り集中すること
・（三昧に入ると）ストレスなく楽しく作業が行えること
・作業を行う場所を整理整頓**106**すること
・作業内容などに興味を持つこと
・前向きな先入観（**ポジティブバイアス**[107]）を活用すること
・締め切りを設定すること（締切効果：DLE）
・計画的に行うこと
・作業をゲーム化すること（**ゲーミフィケーション**）など

処理法」はありますか。

複数課題を効率的に処理するためには、時間管理術としてまずやるべき課題を**見える化**し、重要性と緊急性を基に**優先順位**や**劣後順位**をしっかり把握し、適切な時間管理をするために、いわゆる**やることリスト**（To-doリスト）を作成し机の前に貼りだし、終了した分から消していきます。

この方法によれば生産性が高く、目標達成の喜びである達成感や充実感が得られモチベーションも向上し、残りのものにつ

---

106 **整理整頓**には一般に断捨離が有効であるといわれ、時間や空間の創出に役立ちます。この「**断捨離**」とは本来東洋思想の**断行・捨行・離行**から来ています。
107 「**前向きな先入観**」（**ポジティブバイアス**）とは良い成果が得られるなどのポジティブと思われる先入観のことであり、反対は**否定的な先入観**（**ネガティブバイアス**）です。

いても頑張ろうという頑張りが利きます。

 すなわち、やることリストを作成し重要性などを考慮して優先順位を付けて、行動するのですね。

 そのとおりです。

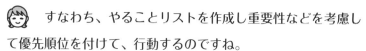

POINT

職務の自己目的化

① 職務の自己目的化によって主体的・効率的にストレスなく職務の遂行ができ、成果も上がります。
② 労働観としては労働職人説や労働使命説によりたいですね。
③ 例えば、締切効果などの職務の効率性向上法を活用したいですね。
④ 複数課題を効率的に処理するためにはやることリストを活用します。

（2） 習慣化

 夢を叶えるために職務の「**習慣化**」（「ルーティン化」）はどのように活用できますか。

 周知のように次のような考え方があります[108]。

心が変われば行動が変わり、それが習慣を変え、さらにそれが人格を変え、最終的にそれが人生を変える（「**心 → 行動 → 習慣 → 人格 → 人生**」）。

---

[108] このように良い人生にするためには心（思考・感情）・行動・習慣・人格のいずれかを良くすることです。私たちの感情や行動の多くの部分は習慣的なものです。

　このように私たちの行動はその人の考え方（心）が直接反映されます。それゆえ、人生を変えるためには心を変えるか、行動を変えるかまたは直接的に習慣を変えることが必要です。

　これらのうち心を変えることが最も基本ですが、直接行動や習慣を変えることによって人生を変えることも可能です。この場合、心については常にポジティブ思考であることが大切です。

　これらのうちここでは特に**習慣**に注目しています。その理由は、通常物事を成功させるためにはやる気を必要とします。しかし、日常生活において例えば、**条件型計画**（if-then planning）や**条件付け**（**アンカリング**）のように、多くの良い習慣を身に付けている人はやる気を必要とせず、無意識のうちに自然に積極的に努力ができます。

　　　よくわかりました。成功し幸せな人生を送るためには多くの良いことを習慣化することが非常に役立つのですね。

　　　そのとおりです。なお、**習慣化の基本原則**は、㋐１つずつ始めること、㋑小さく少しずつ脳と身体を変えること（ベビーステップ）、すなわち焦らずにゆっくりと小さな成功体験を少しずつ積み重ね快感ホルモンであるドーパミンを出し続け、やる気を維持していくことです。これは**学習性自己効力感**や自信を身に付ける方法です。㋒例外的に習慣化事項ができなかっ

た日のための**例外ルール**[109] を事前に作成することです。

🙂　なるほど……１つずつ小さく始めることがポイントなのですね。

😊　そのとおりです。そして、この**習慣化の具体例**としては例えば、朝食前に散歩をすること、食事後に歯を磨くことなどがあります。なお、心地よく安らかに休むために、就寝前の習慣（**ナイト・ルーティン・快眠ルーティン**）として例えば、図表1-20のようなものがあります。

図表1-20　ナイト・ルーティン（1）就寝前習慣

① 今日の良いことを3つ位思い出し書き出し、幸せでポジティブな
　 気分に浸り感謝すること
② 日記を書くこと
③ 翌日の計画を立て、やることリストなどを作成すること
④ 軽くマインドフルネスなどの瞑想をすること
⑤ ゆったりした音楽を聴くことなど

また、就寝時と同様に起床時も最も顕在意識が潜在意識へ届きやすい状態であり、また休息から活動への移行段階です。

心身を整え、今日１日を楽しく前向きで効率的に過ごす方向付けを行うために、図表1-21のような**早朝ルーティン**がお薦

---

[109] 例えば、雨の日はジョギングを中止し、階段の上り下りをするなどのルールのことです。なお、効率的に行うためには締切効果を活用することが有益です。

図表1-21　早朝ルーティン

> ① 顕在意識を潜在意識に定着するために、ナイト・ルーティン（自己暗示）の部分を繰り返すこと
> ② （前日の夜に設定した）その日の計画や目標をもう一度考えイメージすること
> ③ 軽くマインドフルネスなどの瞑想をすること
> ④ 軽く運動や散歩をすること[110]
> ⑤ 読書など

めです。しっかり早朝ルーティンを行って、毎日を明るくポジティブに計画的で効率的に過ごしたいものです。

 よくわかりました。是非、朝・夜のルーティン法を活用したいと思います。

 頑張って下さい。

POINT
習慣化

① 習慣は人生に非常に大きな影響を及ぼします。

② 習慣はやる気を必要とせず当たり前のこととして様々なことを行うことができます。

③ 条件型計画や条件付けにより習慣化ができます。

④ 習慣化の基本原則は１つずつ始めることと小さく少しずつ習慣化することです。

⑤ ルーティンを活用して成功し幸せな人生を送りたいものです。

110　日光を浴びると体内時計がリセットされストレス解消にもなります。

（3）　自己暗示

①　自己暗示と自己暗示法

😊　夢を叶え幸せな人生を送るために「自己暗示」はどのように役立つのでしょうか。

😎　自分軸に基づき夢を叶え幸せになるためには、物事を明るく積極的に考え行動するというポジティブ習慣（積極習慣）が大切です。そして、このためには、常に心に栄養を与え育て続けることが非常に大切です。この**心の栄養**には例えば、積極的な暗示（アファメーションなど）や内面との対話（セルフトーク）、積極的な思考や感情、自己成長感、楽しく面白いこと、良質な読書や感動[111] 的な場面、笑うこと・笑顔[112] や親切などのポジティブな行為などがあります。

　この自己暗示を行う場合常に意識すべきことは、自分は運が良く生きる価値のある人間であり、かつ**人生のすべては**（常に未来志向的に努力しているので）**日々良い方向に向かっているという明るい未来への期待を信念的に常に暗示し続けることです。明**

---

111 どちらかといえば感動は右脳的な反応であり、感心は左脳的な反応です。

112 笑いには口を大きく開けて笑う**大笑い**、**ニコニコ笑い**、そして円空の微笑む仏像のような内側からにじみ出てくる穏やかな**微笑み**があります。微笑みなどの**笑いのメリット**には最良の薬としばしば呼ばれ、気分や雰囲気を改善し、ストレスやプレッシャーを低減し、心を整え状況を楽しみ、力まずに本来の実力が発揮でき、健康的になり美容に良く、ポジティブになり、エネルギーが湧き人間関係を円滑化し、長寿のもとにもなります。

るくポジティブな人生を送るか、暗くネガティブな人生を送る
かは日々どのような自己暗示を与え続けるのかに依存します。

　そして、積極的でいればいつでも様々なことに好奇心を抱き
チャレンジ精神を発揮でき、苦境などに遭遇(そうぐう)してもそれに挫折
せずに逆境力を発揮することもできます。

　心の栄養素とし、心を育てるために常にポジティブな自
己暗示を与えることが大切なのですね。

　そのとおりです。なお、**暗示の種類**[113] には他者による
他者暗示と自分自身による**自己暗示**があります。この**他者暗示**
の具体例としては例えば、会話、TV、教育、本、新聞、雑誌
など様々なものがあります。さらに、その内容が積極的である
か否かによって積極的暗示と消極的暗示があります。

　この場合、**積極的暗示**は**心の栄養**になるけれども、反対に**消**
極的暗示は**心の毒**になるので、積極的な暗示のみを受け入れ、
消極的なものは拒否することが大切です。この場合、暗示を受
け入れるか否かの選択権と決定権は自分自身にあり、その暗示
を受け入れない限り、その暗示は影響を持ちません。

　よくわかりました。ポジティブな自己暗示を活用したい
と思います。そこで「自己暗示の具体的な方法」について教え

---

113 自己暗示をさらに進めたものが**自己催眠（セルフヒプノシス）**です。

て下さい。

 わかりました。**自己暗示の具体的方法**として、それによって潜在意識を活用し夢を叶えようとする場合には、例えば、「私は裕福になりつつある！」や「私は裕福である！」などのように、現在進行形（ないし既に夢が実現した現在形）、肯定的な言葉[114]で断定形を用いることが大切です。また短い語句による肯定的な自己宣言と共に、それを簡略化し例えば、「裕福！　裕福！」というように、単語だけを繰り返し唱える[115]**単語法や貼紙法**も同様に効果があります。

　なお、その人の能力を信じるとその人は期待されたとおりに変わっていくという**ピグマリオン効果**があります。是非良い**自己暗示習慣**を身に付けて下さい。

　　　よくわかりました。自己暗示では現在（進行）形で、肯定的な言葉で、断定形で行うのですね。是非活用したいと思います。

 頑張って下さい。

---

114 なお、アファメーションを活用する時に否定形を使わず肯定形を使用する理由は、「……しないように！」というような否定形の暗示をかけると**逆説的思考侵入効果**によって「慌てる」に意識が向いてしまい、余計に慌ててしまうという本来の意図と反対の状況となってしまうことがあるからです。
115 繰り返すことによって脳内の神経回路が少しずつ太くなり、より効率化・高度化します。

②　潜在意識の活用

😊　それとの関連で「自己暗示による潜在意識の具体的活用法」について教えて下さい。

😎　自己暗示によって潜在意識の活用をしたい場合に潜在意識の感受性が最も強い時間帯が特に大切であり、それは眠る直前（就寝直前）と起きた直後（起床直後）です。それゆえ、この時間帯を利用して自分に最適な**自己暗示習慣**としてのナイト・ルーティンや早朝ルーティンを決めて、顕在意識を利用して潜在意識になりたい自分を刻み込むことが大切です。

　眠る直前に（1分でもよいので）自己暗示と顕在意識を活用して自分の夢を叶えるために、ナイト・ルーティンとして例えば、図表 1-22 のようなものを行うと良いでしょう。

図表1-22　ナイト・ルーティン（2）自己暗示

(1) イントロ[*1]	（床に入り電気を消し、心身ともリラックスして）蒸しタオルを顔面の上部〔眼の周辺部分〕に当てる（☞眠気　☞あくび！）	呼吸法の併用
(2) 本体[*2]	①【包摂思考＋ポジティブ思考】　すべてのことは良い方向に向かっている！②【単語法】　健康！ 幸せ！ 幸運！ 成功！ 裕福！（←希望するもの）	
(3) むすび[*2]	感謝・感謝！	

*1：寝るための心身の準備をします。
*2：5回から10回くらい意味を考えながら繰り返します。

良い方法を教えて頂きました。これらをこれから活用していきたいです。

 頑張って下さい。

自己暗示

① 暗示には自己暗示と他者暗示が、また積極暗示と消極暗示があります。
② 積極暗示は心の栄養となり、心を育てられます。
③ 自己暗示やルーティンの活用によって潜在意識を活用して成功し幸せな人生を送りたいものです。

（4）　自愛

①　自愛の重要性

（a）　自愛の重要性

幸せな人生を送るために「自愛」はなぜ大切なのでしょうか。

自愛は自分軸に基づき夢を叶え幸せな人生を送るために非常に大切です。ここで「**自愛**」（セルフ・コンパッション）とは自分の生命（いのち）が世界で最も大切なものなので、**ありのままの自分自身や自分らしさを認め肯定し受け入れ（許容・受容）、自分自身の努力を評価し、褒め、感謝し、救い、楽しませ、大切にし、**

励ますことによって愛し、**自己の機嫌を取り、自分の心を常に**
いい気分に保つことです。これによって**自分が好きになり、自**
信・自己肯定感や自尊心が高まり、気持ちも前向きになり、そ
の結果として自分自身との関係性が良好になります。

　なお、「自分を好きになれないことは人生において最大の不
幸」であり、それゆえ、成功し幸せになるためにはあらゆる出
来事を**根拠なしに無条件に**自己に都合よく受け止めて、自分自
身を徹底的に褒めかつ期待し、いい気分でいるという**自愛習慣**
を持つことが大切です。なぜならば、学習などにおいて自己や
相手の能力を信じてやると、人は期待されたとおりに変わって
いくという**ピグマリオン効果**があるからです。

　ピグマリオン効果ですか。

　そのとおりです。また、自愛によって自己肯定感、自尊
心や自己イメージも向上します。この**自愛は幸せになるための**
黄金律の１つです。そして、自愛を行いいつでも上機嫌でいれ
ば、㋐不機嫌の時のイライラやストレスがなくなり、それゆえ
イライラやストレス解消のための気晴らしが不要となり、㋑よ
りポジティブな側面としては前向きの心のエネルギーに溢れ、
やる気が湧き、健康的で良い波動が出ていつでもチャレンジ精
神を発揮できます。

また現在していることを粘り強く継続でき目標を達成でき、幸せ成功サイクルを回すことが可能です。他者を愛（他愛）する前提としても自己を愛（自愛）することが大切です。

　よくわかりました。すなわち、自愛は自分を心地よい状態に保つために非常に有用な方法であり、人生において**自愛習慣**と**自愛力を磨くこと**が非常に大切なのですね。

　そのとおりです。このような自愛があり、機嫌の良い人ほど想像力、創造力や生産性が高く、また目標達成能力・逆境力やEQ（情動指数）が向上し成功し幸せになれます。そうすれば自分自身のみならず周りの人にも親切にでき幸せにもできます。

（b）　自己の機嫌を取ること

　自愛と関連して「機嫌[116]を取る対象」は誰ですか。

　機嫌を取る対象には自分自身と他者の２つがあります。普段私たちは他者の機嫌を取ることに気を使いますが、**人生において最も機嫌を取るべき対象は自分自身です。**しかも、自分自身の心をコントロールし機嫌を取ることを常に行うことが成

---

[116] 機嫌には**上機嫌・ご機嫌・普通・ご機嫌斜め・不機嫌**があります。自分がいつも**ご機嫌でいるための方法**としては例えば、笑顔でいること、ポジティブ言葉を使うこと、完全感謝することなどがあります。

功し幸せな人生を送るために非常に大切であり、他者の機嫌を
取ることは自分に余裕がある場合に限られます。

　　これまで他人の機嫌を取ることばかり考えてきました。
本当は自分の機嫌を取ることの方が大切なのですね。

　　そのとおりです。すなわち、常に上機嫌でいればいつで
も健康的で幸せでいられ、明るくポジティブに考え行動するこ
とができ、効率性や成果も上がると同時に「幸せ成功サイクル
を回す」ことが可能です。

②　許すこと

　　意地悪などをされた時に人を許すのは難しいけれども
「許した方がいい」のですか。

　　結論から先に言えば絶対に早く許した方がいいです。す
なわち、他の人に不当に取り扱われたり、悪口をいわれ、「絶
対に許さない！」と感じ、その感情を長〜く持ち続けることも
少なくないと思われます。

　ところがこの許さないというストレスの多い憎しみや怒りな
ど**不満や心痛**という**ネガティブな感情は、**その対象の相手では
なく**自分の心身に非常に悪影響を与え、気分が悪くなり不要な
エネルギーの消耗を生じさせる**ことを初めとして最悪の場合に

は病気になったり、亡くなることさえもあります[117]。

😊　つまり、許さないことは自分にとって**「百害あって一利なし」**という感情なのですね。

😄　そのとおりです。すなわち、人生において生じたことに抵抗せずありのままに受け入れ、許し、自分が抱いている**憎しみというネガティブな感情から自分を解放し手放し自由にしてやる**ことは非常に大切です。この際に**許す対象**としては、㋐**他の人のみならず、**㋑**自分自身を許すこと**も非常に大切です。

　特に過去の失敗などの後悔することについて自分自身を責め、処罰（**「自己処罰」「自己懲罰」**）する人が非常に多いのですが、これは自分に悪い影響だけを与えるだけです。人間は神様でないので失敗はつきものであり、また過去は変えられません。過去の失敗から学び教訓とし成長すれすればそれで十分です。

　切断思考に基づきできるだけ早く過去のネガティブな出来事のすべてを許し解放し、執着から離れる[118] ことによって苦しみやネガティブ性を消し去ると同時に、未来志向的に夢の達成

---

[117] これは潜在意識のレベルでは一般に人称が消滅し、ポジティブやネガティブという性質だけが残るとされるからです。

[118] **執着しない**（no attachment）ことや**手放す**ことが大切です。すなわち、自分の期待・欲求と現実（既にあるもの）とのギャップ（不満足・不快）→ 抵抗・拒絶・執着 → ネガティブな感情：苦・悩み・痛み：エネルギーの不要な消耗 → 手放す・受け入れ → エネルギーの解放 → 意識を今に集中し、ポジティブな努力 → 状況の改善・成功・幸せ（「手放すことと努力・成功との両立」）へ

を目指し、健康的でポジティブにベストを尽くして生きること
が自分にとって最も良い恩恵を与えます。

　よくわかりました。つまり、**過去のすべてのことを許す
こと → 切断思考 → 未来志向［未来の夢の自分の姿］ → 今こ
こに集中し、ベストを尽くすこと → 夢・目標の達成 → 成功・
幸せ**ということですね。

　そのとおりです。

③　幸せ成功サイクル

　自愛、感謝や自己の機嫌を取ることが「**幸せ成功サイク
ル**」に繋がるそうですが……。

　そのとおりです。すなわち、自愛や自己の機嫌を取るこ
とは自己の心を快[119]の状態にさせ、それが元気、勇気、積極
性、知恵や創造性を湧き上がらせ、思考や行動が拡張し、より
ポジティブで幸せな状況すなわち**目標達成という成功の可能性
が高くなり、人間関係も良好となり長生きもするという状況を**

---

119 **幸せの長所**としてはポジティブな感情・思考状態であること、心がオープンな状況
にあること、創造的な力が発揮できること、行動的で活動量が多くなること、継続的
な努力ができること、効率性や生産性が高いこと、成功しやすいこと、苦境に際して
も逆境力（レジリエンス）が高いこと、他の人に親切ができること、免疫力が高く病
気になりにくく回復も早いこと、健康で長寿になることなどがあります。

もたらします（拡張形成理論）[120]。つまり、「成功と幸せとの関係」については、周知のように従来において「成功すると幸せになる」という考え方であったけれども、現代心理学では「**幸せな人ほど成功しやすい**」ということが常識となっています。

　すなわち、図表 1–23 のように、幸せという内面の良い感情が外面の良い結果を生み出します。そして、成功し達成感に満たされる場合には、上機嫌で幸せな状態となります。

図表1-23　幸せ成功サイクル

　　よくわかりました。つまり、「（自愛・自己の機嫌取り→）**上機嫌・幸せ → ポジティブな考え・行動**（ポジティブ習慣）**→ 夢や目標の達成・成功 → 上機嫌・幸せ → ……**」という**自愛・自己の機嫌取りを起点とした幸せ成功サイクルという無限ループ**[121] **を回す**ことが重要ですね。

---

[120] 「**拡張形成理論**」とはポジティブ感情は思考、視野や行動を拡張させ、よりポジティブで幸せな状況を継続的に形成するという理論です。秋山美紀・島井哲志・前野隆司編集『看護のためのポジティブ心理学』医学書院 2021、39 頁。
[121] 無限ループは**正のループ、正のスパイラル**ないし**上昇スパイラル**とも呼ばれます。

そのとおりです。

> POINT
>
> ## 自愛
>
> ① 自愛は自分軸に基づき夢を叶え幸せな人生を送るために非常に大切です。
> ② 常に自己の機嫌を取ることが非常に大切です。
> ③ **他の人のみならず、自分自身を許すこと**が非常に大切です。
> ④ 自愛や自己の機嫌取りによって**幸せ成功サイクル**を回すことが成功し幸せになるために大切です。

4　評価

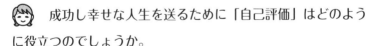

　ここでは自分軸に従って行われた行動の成果についての評価について説明しています。具体的には「自己評価」「自責思考」「自己完結性」について解説しています。

（1）　自己評価

 成功し幸せな人生を送るために「自己評価」はどのように役立つのでしょうか。

 自分軸に基づき成功し幸せな人生を送るために自己評価が大切です。周知のとおり**評価**には他者評価と自己評価があり

ます。この場合、社会通念上は他者評価が重視されています。

　ただし、**他者評価**には、㋐**客観的な他者評価**と㋑被評価者の本当の事実を理解し反映しない**主観的な他者評価**とがあります。勿論、客観的な他者評価は一定の有用性が認められます。

　しかし、他者評価の中には、残念ながら被評価者の本当の事実を理解し反映しない主観的な他者評価や、ひどい場合には悪意に満ちた誹謗中傷的な評価も少なくありません。

　😊　そのとおりですね。もしこのような被評価者についての十分な理解のない評価が不当になされた場合には、被評価者は自信やモチベーションを失い、継続的な努力が難しくなり、ニュースで時々聞かれるように最悪の場合には亡くなる人も見られますね。

　🤓　そのとおりです。それゆえ、このような他者評価に振り回されず、それを気にせずに唯一の適格性のある評価者である自分自身の**自己評価**によることが心の平安を得、成功し幸せな人生を送るためには非常に重要です。

　😊　私もその考え方に賛成です。なお、このためには他者から**認められたいという承認欲求¹²²を捨てる**ことが大切ですね。

---

122 **自己肯定感と承認欲求の関係**（「**承認欲求3段階説**」）は、第1段階は通常私たちは基本的な欲求として「他人から認められたい・好かれたい」という承認欲求を持っています。この段階では承認欲求が高いので他人の目を気にします。第2段階として承

そのとおりです。それを**アドラー**は「**嫌われる勇気**」[123] と表現しています。しかも自己評価による場合には、自分自身で承認欲求が満たされるので他者からの承認欲求を満たす必要はありません。

POINT

自己評価

① 評価には他者評価と自己評価とがあります。

② **他者評価**も客観的になされた場合には一定の有用性がありますが、主観的な評価の場合には誹謗中傷など不当なものもあり、モチベーションなどを喪失する危険性があります。

③ 不当な他者評価を避け、モチベーションなどを高く維持するために、**自己評価**によることが適切です。

④ **他者評価**を気にしない場合には、承認欲求を持たないことが大切です。

（2）　自責思考

 自分軸で生きる場合「**自責思考の長所**」にはどのようなものがありますか。

認欲求が少し薄れて、「好かれなくても嫌われなければ良い」というものへ変化します。さらに第３段階として承認欲求が薄れ、しっかりとした自分軸と自己肯定感を持つ場合には他の人からの評価や承認に左右されず、「嫌われてもかまわない」という段階へ変化します。このように自己肯定感をしっかり持てば既に自己承認がなされているので、他者からの承認欲求は薄れてきます。

123 岸見一郎、古賀史健共著『嫌われる勇気』ダイヤモンド社 2016、132 頁。

😎　自分軸で生きる上で人生において生じるすべての問題について、誰に責任があるのかという考え方には他責思考と自責思考があります。なお、責任はその裏側として**責任を持つ能力や権限**がある場合のみ生じ、その能力や権限がない場合には本来生じません。

　⑦**他責思考**は一般に当事者意識（**主体性**）が薄く外部の環境への依存が高い人などが自己を守るために、外部環境である他人や社会に責任があると考えるものです。これは一般に当事者意識も向上心も薄く自己で責任を取らないので、一般に反省もなく成長もしません。

😊　そうですね。他責思考は一般に無責任で成長もしないのですね。

😎　そのとおりです。他方、⑦**自責思考**は自分軸をしっかりと持ち外部環境に依存せずに、自分の目標などを中心として人生を考え、当事者意識や向上心を持ち主体的に行動している人が持つ思考であり、自分に責任がある（自因自果）と考えるものです。この考え方は当事者意識や向上心を持ち、**改善思考**と**成長思考**に基づき謙虚に内省し学ぶべきものを学び、考え方や行動を改善するので成長をもたらします。

　また、自責思考を取ることによって意思決定から責任まで自

己コントロール感と自己完結感が持てます。

　よくわかりました。自責思考は一般に取られる説ですね。

 自責思考

① 責任思考には自責思考と他責思考があります。

② **他責思考**は当事者意識も向上心も薄く自己で責任を取らないので、一般に成長しません。

③ **自責思考**は一般に当事者意識や向上心を持ち、**改善思考**と**成長思考**に基づき謙虚に内省し、学ぶべきものを学び、考え方や行動を改善するので成長をもたらします。

（3）　自己完結性

　成功し幸せな人生を送るために、「自己完結性はどのように役立つ」のでしょうか。

　自分軸に基づき成功し幸せな人生を送るために、自己完結性がとても大切です。ここに「**自己完結性**」とはこれまで説明してきた個性・人生の目的・自己決定感・自己コントロール感・六自力・コントロール可能事項・自己評価・自責思考などの自分軸に基づく生活をすることによって心の平安を得、夢を叶え幸せな人生を送るために、自己の人生全体を自分の意思で決定し評価しコントロールすることによって自己完結的なもの

とすることです。

 よくわかりました。自己完結性は成功し幸せな人生を送るためにとても大切ですね。

 自己完結性

① 自分軸に基づき成功し幸せな人生を送るために、自己完結性がとても大切です。

② 自己完結性は例えば、個性・人生の目的・自己決定感・自己コントロール感などの自分軸に基づく生活をすることによって心の平安を得、成功し幸せな人生を送るために、自己の人生全体を自分の意思で決定しコントロールすることによって自己完結的なものとすることです。

なお、自分軸に関連するが、これまでに触れてこなかった一切唯心造・自他一如・積極性については次章で説明しています。

第 2 章

人生の法則

例えば、宇宙の星々の運行のようにこの世界は秩序ある多く
の法則によって成り立っています。これらの法則について見え
る人と見えない人が存在します。**確かに法則が見えなくても人
生は送れますが、法則を知ってそれを上手く活用した方が人生
のマスター（達人）として何百倍も効率的で有効にしかも楽し
くワクワクしながら夢を叶え幸せな人生を送れる可能性が非常
に高まります。**

　この**人生の法則**には**因果律、健康、一切唯心造（いっさいゆいしんぞう）、自他一如、
慈愛、感謝、本心良心、積極性、潜在意識、空などの法則**があり
ます（図表2-1・図表2-2）。本章ではこれらを説明しています。

図表2-1　人生の法則の概要

項　　目	摘　　　要	概　　　　　要
① **因果律**	最重要な包括的真理	あらゆる現象に機能するもので、善因善果・悪因悪果などを示すもの
② **健康**	人生の大前提	成功や幸せのために心身のバランスが取れ健やかで良好であること
③ **一切唯心造**	人生の決定	心の姿勢が人生のすべてを支配し造り出しているということ
④ **自他一如**	関係に対する理解	すべてのものは相互関係にあり、全体としては一体であるということ。慈愛・自利利他・和・シナジーの大元
⑤ **慈愛**	これを動機とした時万能薬	無条件で無差別の大きな愛のこと：すべての思考や行動の動機とすべきもので、あらゆるものに対する万能薬

⑥ 感謝	成功や幸せへの王道	すべての事象に感謝し、ポジティブに考え行動すれば成功し幸せとなれるということ
⑦ 本心良心	判断基準	思考や行動の正しい判断基準・羅針盤となるもの
⑧ 積極性	心身の姿勢	人生に対する正しい心身の明るくポジティブな姿勢・生き方を示すもの
⑨ 潜在意識	夢の実現	上手く活用すれば心に思い描いたとおりに夢が実現するということ
⑩ 空	苦しみの処理	苦しみには固定的実体がないという正しい考え方とその対処法を示すもの

（出所）岩崎、43頁。（一部修正）

図表2-2　人生の法則の概要

（全体）　因　　　　果　　　　　　　律				
（前提）　健　　　　　康	（全体）　一切唯心造	（夢の実現）　潜在意識		（全体）　積極性
		（関係の理解）　自他一如		
		（動機・モチベーション）　慈愛		
		（成功・幸せへの王道）　感謝		
		（判断基準）　本心良心		
		（苦からの解放）　空		

（出所）岩崎・四海、100頁。

1　因果律

（1）　因果律の法則の意義

 人生の法則のうち「最重要な法則」は何ですか。

人生の法則の全体を網羅する最重要法則は「因果律」[1] です。すなわち、**因果律は人生の法則の中でこれだけを知って、これに則して行動すれば十分である**という根本原則です。

ここで個人の行動法則としての「**因果律**」とは図表2-3のように、**因果応報の法則**ないし**原因と結果の法則**とも呼ばれ、**ある原因（因）と別の縁（縁）が相互に作用（因縁和合）して、一定の結果（果）が生じる**という法則です。

図表2-3　因果律

| 因 | × | 縁 | = | 果 |

これは物事と物事の関係性について、**関係主義的世界観に基づいて**一定の条件の下で特定の「因果的な関係性」が成立することを意味するものであり、例えば、春にメロンの種を蒔き（因）夏までに適当な日光・雨・肥料（縁）を与えれば、夏に美味しいメロンが育つ（果）というようなものです。

つまり、これは善い行為については善い結果が生じ（善因善果）[2]、反対に悪い行為については悪い結果が生じる（悪因悪果）と

---

1 この「因果律」は一般に悟りの境地の1つであると言われ、東洋思想では最重要な根本思想の1つです。
2 これは誰も見ていないところで善いことをし（陰徳を積み）、見返りを求めなければ

いうもの（「**善因善果・悪因悪果**」）です。この場合、因は自分でコントロールできます。ここで「**善**」とは心の平安がもたらされるようなこと、より具体的には社会全体の平和・幸福・繁栄（PHP）**3** に貢献するようなことで、「**悪**」とは社会全体の平和・幸福・繁栄を阻害するようなことです。

😊　よくわかりました。これは日常生活における**返報性の法則4** と同様のものですか。

😀　そのとおりです。そして、現在は過去の因と縁との結果であり、未来は現在の因と縁との結果として現れます。それゆえ、未来において良い結果を期待するのであれば、より良い未来を目指すという未来志向に基づき常に現在の瞬間においてワクワクしてベストを尽くして生きることが大切です。人間は習慣の生き物なので、理想的で**良い人生**（a life well-lived）を送るためには、良い習慣を身に付けることが非常に大切です。

　そして、人間として何をすべきかを深く考え、良い結果を期

すべてを天が見ていて善いことが生じるという運・徳や人格を磨く最良の方法の１つです。なお、**原因が結果として現れるのは直ぐにとは限りません**。直ぐの場合も短期・長期ないし超長期の場合もあります。それゆえ、善いことをして善い結果が直ぐに現れないと言って嘆くことはありません。長い人生で見れば因果律は必ず働いています。

3 すべての生命は繁栄したいという本能（「**生命繁栄の本能**」）を持っています。

4「**返報性の法則**」とは良いことをしたならば良いことが返ってきて、悪いことをしたならば悪いことが返ってくるという法則です。例えば、お祝いをすればお祝い返しがもらえるというようなものです。

待するならば、自己の最良の習慣として良いことだけを考えかつ実行しなさい（「廃悪修善」）ということです。

 よくわかりました。

それゆえ、良いことを行うことを毎日の習慣（「**善行習慣**」）とすることが成功し幸せな人生を築く基礎となります。また、この因果律に従いかつ自己の使命を感じ取ることができれば、**安心立命**の境地で生きることができます。

（2） 因果律の機能形態

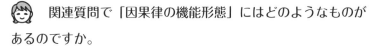 関連質問で「因果律の機能形態」にはどのようなものがあるのですか。

あらゆる側面です。すなわち、因果律はあらゆる側面に機能し、善因善果・悪因悪果の他に図表2-4のように様々な機能形態があります。これら**すべてに共通する点は、この世界は両極性に基づいてプラスとマイナスの2側面**（「二極の世界」「二項対立的世界」）**があり、人生において「因果は同類に従い」プラスまたはマイナスに作用し結果を生じさせる**ということです。

これらはコインの裏表のようなプラス・マイナス、善悪、積極消極、楽観悲観、肯定否定、明暗などです。**人生において成功し幸せに生きるための黄金律は、因果律において常にプラス**

図表2-4　因果律の機能形態

+	善因善果	積因積果	楽因楽果	肯因肯果	明因明果	（マインド	自因自果
−	悪因悪果	消因消果	悲因悲果	否因否果	暗因暗果	セット効果）	他因他果

岩崎・四海、103頁。（一部修正）

の側面を選択し維持することが大切です。

　例えば、人生において物事をポジティブ・マインドセット（PMS）で積極的に考え行動するという行動習慣を取れば、積極的な結果（積因積果）となり、反対に消極的に考えそのようにしか行動しない場合には、消極的な結果（消因消果）となります（**積因積果・消因消果5**）。このことについて心理学上積極的な**心の習慣**（**マインドセット：MS**）を持っている人は潜在意識もそのように働き積極的な結果が生じ、反対に消極的な心の習慣を持っている人は消極的な結果が生じるという**マインドセット効果6**があり、そのとおりに人生が創造されるということです。

　なるほど……常にポジティブ MS の状態であることが大切なのですね。

　そのとおりです。このマインドセット効果は以下に示す

5　これは「積極因積極果、消極因消極果」の略です。
6　マインドセット（考え方）が大切であるという考え方を**マインドセット理論**といいます。

ケースでも同様なことが言えます。

　すなわち、例えば、楽観主義に基づき常に心を開いて物事を楽観的に考え、「大丈夫、何とかなる！」「きっと上手くいく！」「心配するな！」という口癖で前向きに新しいことに好奇心を持ち、それに果敢に挑戦し、目標を達成するために楽観的な努力習慣に基づき継続的な努力ができれば楽観的な良い結果（楽因楽果）となり、反対に悲観主義に基づき悲観的に考え、悲観的な口癖で恐怖を感じ、果敢に挑戦することを回避すれば悲観的な結果（悲因悲果）となります。

😊　よくわかりました。**「楽因楽果・悲因悲果」**[7] ということですね。

😎　そのとおりです。そして楽観主義者は一般に健康的で良い人生を送れることが多いです。また、すべての物事を「大丈夫」「必ず上手くいく」という肯定的にプラス思考で良いイメージで考え、肯定的な口癖で前向きに行動すれば肯定的な結果（肯因肯果）となり、反対にマイナス思考で否定的に「ダメだ」「無理だ」「できない」という後ろ向きで悪いイメージで考

---

7 これは「楽観因楽観果・悲観因悲観果」の略です。**楽観主義の長所**として、思考や行動がポジティブで行動的であること、継続的な努力ができること、効率性や生産性が高いこと、健康的であること、苦境によりよく対応でき逆境力（レジリエンス）があることなどがあります。

え、否定的な口癖で否定的にのみ行動する場合には否定的な結果（否因否果）となります（**肯因肯果・否因否果**）[8]。

　さらに、物事を明るく考え、明るく前向きに行動すれば明るい結果（明因明果）となり、暗く考え、暗くのみ行動すれば暗い結果（暗因暗果）となります（**明因明果・暗因暗果**）。他方、自分で考え行動した結果は自己に帰属し（自因自果）、他者が考え行動した結果は他者に帰属します（他因他果）（**自因自果・他因他果**）[9]。

　よくわかりました。これらを是非上手く活用したいと思います。すなわち、このように人生は明るく前向きな考え方や生き方をすることが、より良い結果やより良い人生に導きます。それゆえ、常に**ハッピー眼鏡（めがね）**を掛けて前向きに生きた方がより充実した物心両面に恵まれた豊かで幸せな人生となりますね。

　そのとおりです。

POINT
因果律

① **因果律**は人生において最重要な法則であり、**ある原因（因）と別の縁（縁）が相互に作用（因縁和合）して、一定の結果（果）が生じるという法則です。**

---

[8] これは「肯定因肯定果・否定因否定果」の略です。
[9] これは「自己因自己果・他者因他者果」の略です。

②**因果律の機能形態**として例えば、積因積果・消因消果、楽因楽果・悲因悲果など様々なものがあり、どれもプラスの側面に注目し、明るく前向きな発想や生き方がより良い結果や人生に導きます。それゆえ、常に**ハッピー眼鏡**を掛けて前向きに生きた方がより物心両面に恵まれた幸せな人生となります。

2　健康

(1)　健康の法則の意義

 人生における「健康の法則」とはどのようなものですか。

 「健康の法則」とは**人生で夢を叶え幸せに生きるためには、心身のバランスが取れ健やかであることが大切であるという法則です**。すなわち、心身共にバランスが取れ健康であることが人生における最大の前提であり、いわゆる「**健康第一**」で気力と体力に自信がある状態を維持することです。これが満たされない場合には良い人生は成り立ちません。

現在では**精神的・肉体的・社会的に良好で満たされたバランスの良い状態（健康で幸せな状態）をウェルビーイング**（wellbeing）と呼んでいます。「**健康な状態**」とは心身のバランスが取れ、ポジティブな状態のことです。このような状態では自然に幸せを感じることができます。このようなウェルビーイングを意識

（「**ウェルビーイング意識**」）し実践する人としない人との間には大きな**健康格差**や**寿命格差**[10] が生まれます。そこでウェルビーイング意識に基づきできるだけ長く「健康寿命を延ばし自走できること［**自走人生**］」[11]（**アンチエイジング**）が大切です。

　病気[12] になるのはこれらのウェルビーイングの適切なバランスが保たれていない状況を示しています。成功し幸せな人生を送るためにウェルビーイングを意識し、バランスのとれたライフスタイルを送るために健康に聡(さと)くなり、**健康意識**を高く持ち、心身の姿勢[13] を正すことが大切です。そして、生涯において常に気力と体力に自信が持てるように、**精神（メンタル）管理や体調管理**をしっかりすることも大切です。また、私たちには自然治癒力が備わっており、ポジティブ MS に基づきこれを最大限引き出せればほとんどの病気は自分の力で治すことが可能です。

　また、健康に関しては**健康増進・病気予防・病気治療**の３側

10　染色体の先端にある**テロメア**は寿命と密接に関連しており、通常加齢と共に短くなるが、コウモリの中にはこれを復元するものも存在します。

11　私たちは「**誕生 → 這(は)い這(は)い → 自立（立つこと）→ 歩行（歩くこと）→ 走行（走ること）**」という成長プロセスを経て大人になります。そして健康寿命をできるだけ長く維持することが大切であり、１日健康で長生きすれば１日儲けです。

12　普段からの健康維持と自然治癒力に基づく回復力を高めることが病気の予防に関して有効です。

13　姿勢を正し、顔を上げ、胸を張ると心の姿勢も整い明るく前向きに生きることができます。

面がありますが、このうち健康増進や病気予防が重要です。この場合、健康を増進するためには、不健康的な生活習慣から健康的な生活習慣へ生き方を変えることが大切です。

 わかりました。これから健康意識やウェルビーイング意識を持って生活したいと思います。

（2） 健康の種類

「健康の種類」にはどのようなものが含まれますか。

「健康の種類」には心と身体の健康があります。このうち心の健康の方がより大切です。なぜならば、心が不健康であれば良い人生は期待できませんが、身体に多少の病気があっても、心が健康であれば病気の回復も期待できるし、良い人生が期待できるからです[14]。

　ここで「**心の健康**」とは自己を取り巻く人々、動植物や環境を愛し、また、正義を愛し悪を嫌うと共に、常にオープンマインドとチャレンジ精神に基づき新しいことに好奇心を抱き、新たな一歩を踏み出す勇気を持って挑戦し続ける状態のことです。また、「**身体の健康**」とは身体全体がバランスを保ってい

---

14 心がネガティブな状態などへ偏り過ぎない穏やかな状態を**恒常性（ホメオスタシス）**といいます。

る状態、すなわち身体の調子が良好で、常に自分のしたい日常
生活や仕事などがいつでも十分にできる状態のことです。

　よくわかりました。健康の種類には心と身体の健康とい
う2つのものがあるのですね。

　そのとおりです。そして、本当に病気やケガを治せるの
は自己の生命力である自然治癒力であり、医者や薬などは大い
に役立ちますがその補助をするにすぎません。

POINT
健康の法則

① **健康の法則**とは人生で夢を叶え幸せに生きるためには、心身のバ
　ランスが取れ健やかであることが大切であるという法則です。
② 健康の種類には心と身体の健康という2つのものがあり、心の健
　康の方がより重要です。

（3）　ウェルビーイングと身体の健康の4要素

　「身体の健康の要素」は何ですか。

　「**身体の健康の3要素**」とは栄養、運動と休養です。し
かし、現代の**生活習慣（ライフスタイル）**から生じる生活習慣病の
多くが、ストレス・食べ過ぎ・運動不足や睡眠不足などから生
じていることを考えると、これらに心の健康を加えて「**身体の
健康の4要素**」として**心の健康・栄養・運動と休養**とすること

が大切です。これに**社会性**[15]を付け加え「**身体の健康の５要素**」とすれば図表２-５のように、**ウェルビーイング**となります。

図表2-5　ウェルビーイングと健康

ウェルビーイング（健康で幸せな状態）	心（精神）	心の健康
	身体（肉体）	適切な栄養・運動及び休養
	社会性	・キョウイクとキョウヨウ→認知機能の維持 ・孤立や孤独の回避

　これらを適切に維持するという**健康的生活習慣**が健康で幸せな人生を送るためには大切です。ここで説明することを積極的に実践して**健康法**として活用しましょう。さらに、**真の心身の健康は日々の健康的生活習慣の実践の中にこそあります。**

 よくわかりました。ウェルビーイングという言葉はこの頃よく聞きます。

① 心の健康

 身体の健康に「なぜ心の健康が問題となる」のでしょうか。

 それは心の状態が身体を循環しており、例えば、怒ると頭に血が上り、恥ずかしいと顔が赤面するというように、**心の**

---

15 「**社会性**」とは社会や人との何らかの主体的な繋(つな)がりを持つことないし社会的な関係性すなわち自己の居心地の良い居場所があり、お互いに連帯感があり、助け合いが行われているという**良好な人間関係が社会的に満たされた状態**のことです。

状態が即座に潜在意識を通して身体に何らかの身体症状や身体感覚を生じさせるからです（心身一如）。すなわち、身体は常に心の影響を受けており、身体の状況を見れば心の状況がわかります。

😊　心身一如ですか。心の状態が身体に大きな影響を与えるのですね。

🤓　そのとおりです。すなわち、この意味で「**健全な身体は健全なる心に宿る**」です。この場合、心が川上であり、身体が川下です。それゆえ、身体の健康を維持するためには心の健康が前提となります。そして、生命の原理である潜在意識や自然治癒力は常に私たちを健康に保とうとしています。

　しかし、怒りなどのネガティブな顕在意識は体調に悪影響を及ぼします。それゆえ、生命原理に沿った潜在意識や自然治癒力による良好な体調を保つためには、顕在意識は常に明るくポジティブな状況にしておくことが必須です。つまり、ネガティブな思考ループに陥っている自分に気づき、ネガティブなことを考えているその瞬間にそれを無くすために、積転思考[16]に基づき直ぐに発想の転換すなわち**ポジティブな考え方や行動に切**

16　「**積転思考**」とは気持ちを消極的なものから**積極的**（ポジティブ）**なものへ転換し積極的に生きようとする考え方**です。

り替えること（「リフレーミング」：積転法[17]）が大切です。

 リフレーミングですか……。

 そうです。そして、このリフレーミング（積転法）によって感情変容や行動変容をなし得ます。この**リフレーミングは幸せになるための黄金律**の１つです。この**リフレーミングができるか否かが成功し幸せになれるかどうかの最重要な秘密の鍵**です。私たちは**幸せと不幸という２つの感じは同時に感じません**。それゆえ、**光がともれば必ず部屋の闇が消えます**。つまり、できる限りポジティブで幸せなことに目を向けて、それに感情を転換し、維持することが大切です。

　このような**心をポジティブにするための方法**として例えば、瞑想・ルーティン・セルフトーク・音楽・コーヒーブレイクなどの方法が有効です。**心の健康のためには、ネガティブな感情を手放し、ポジティブで穏やかな状態に保つこと**が大切です。

 よくわかりました。心の健康に気を付けたいと思います。

 頑張って下さい。

---

17 **「リフレーミング」（積転法**：気持ちを消極的［ネガティブ］なものから**積極的**［ポジティブ］**なものへ転換する方法）**とは発想の転換によって思考や行動を消極的（ネガティブ）なものから積極的（ポジティブ）なものへ換えるものです。これによって自分で思考、言葉や行動などを**選択可能でコントロール可能**なものとし、成功し幸せな人生とするものです。

②　栄養

　健康のために［栄養］がなぜ大切なのですか。

　医食同源の考え方を基礎として身体の健康を維持するための適切な食生活をするためには、栄養源となるタンパク質、炭水化物［食物繊維と糖質］、脂質（「**３大栄養素**」）、ミネラル、ビタミン（「**５大栄養素**」）を適度にバランスよく摂取することや適切に空腹になることが大切です[18]。

　周知のとおり、**腸は第２の脳**と呼ばれ、両者は密接に関連し**脳腸相関**と呼ばれています。そして、免疫機能の約３分の２は腸が果たしているというように、私たちの健康は腸が大きな役割を果たしています。この腸内で活躍する善玉菌（**プロバイオティクス**）の代表としては例えば、乳酸菌、ビフィズス、酪酸菌などがあります。同時にこれらのものは**痩せ菌**を増やし、健康的に痩せることに役立ちます。

　そして、腸内環境を整えるためには**塩分・脂質[19]や糖質などの過剰摂取を避け**、反対に善玉菌のエサ（**プレバイオティクス**）となる**野菜や果物などをペットの餌やりと同様に毎日十分食**

18　また、食事とその先を見つめて夢を追って生きるために美味しく食べることが大切です。

19　身体につく脂肪には皮下脂肪、内臓脂肪と筋肉脂肪があり、内臓脂肪が健康に最も悪い影響を与えます。

べれば、食物繊維が脂質の吸収を抑え、**腸内フローラ（腸内細菌叢）**の状態が改善しいわゆる腸活に役立ち、便秘の改善、睡眠の質の向上、体重の減少、ストレス耐性の強化や精神の安定化、肌荒れの改善や免疫力の向上、健康の維持増進、運動機能の維持など多くの良いことがあります。すなわち、減塩のために塩の代わりに香辛料を活用することや、バナナなどの果物[20]や野菜などカリウムが含まれる食物を摂取し、塩分を排出（**排塩**）することです。

そして、ブドウやイチゴなどには**ポリフェノールが多く含まれ、遺伝子が傷つくのを防ぐ抗酸化作用があり、また活性酸素が細胞を酸化させること（肌の老化）などを予防するという健康効果、美容効果や長寿効果**などもあります。

なお、健康のためには唾液は消化を助け殺菌作用などもあるので、早食いするのではなく食べ物をよく噛んで食べ、過食せずいわゆる**腹八分目**であることも大切です。

 よくわかりました。健康的で美味し〜い食事は私たちの最大の喜びの１つですね。

同感です。

20　果物には果糖と同時に血糖値上昇を抑える物質も含まれています。

③　運動

　「運動」は健康維持の他に何に役立つのですか。

　周知のように「スポーツは楽し〜い！」ものです。そして、心身の健康を維持し幸せに生きるためには定期的に**適度の運動をし、身体を使い続け活動量を維持する**ことが大切です。すなわち、運動は心身の健康を維持する他に、ストレスなど精神的な疲れを解消し、さらに幸福感も高めます。その理由は運動によって心身に良いホルモンが分泌されるからです。

　それゆえ、**心身の健康、楽しみ、ストレス解消、身体機能・認知機能や幸福感を維持増進するためには、身体は日常的にできるだけこまめに動かし、活動量を維持し、**（ウオーキングやジョギングなどによって）**骨への軽い刺激・衝撃を与えること**が大切です [21]。このために**身近にできる運動**として例えば、散歩、軽めのジョギング（ゆるジョグ）、サイクリング、テニス、水泳、階段上り、ラジオ体操、スクワット、ヨガなどがあります。そして、**本格的な運動**として例えば、スポーツジム、マラソン、トレッキング、登山などがあります。

　確かに運動は楽しいものですね。

---

[21]　なお、老化や活動不足・運動不足によって筋肉量か減少し身体機能が低下することを**サルコペニア**といい、このような運動機能や認知機能が虚弱になることを**フレイル**といいます（サルコペニア→フレイル）。

そのとおりです。しかも、毎日の活動的な運動習慣は貯
筋（きん）や貯骨（ちょこつ）となり、心身の健康維持・生命力の向上や幸せのため
にもとても大切なのです。

④　休養

次に「健康と休養の関係」について教えて下さい。

心身共に「活動と休養」（エネルギーの消費と補給）の２つの
側面を上手くバランスさせてやる必要があります。この場合、
休養には**積極的休養法**[22]と**消極的休養法**[23]があります。

　それゆえ、身体の健康を維持し仕事の効率性や成果を上げる
ためには、適度に日中休養を取ることと夜グッスリ７時間位眠
るという十分な睡眠[24]の質と量を確保し、リフレッシュするこ
とがとても大切です。その時々の状況によって適当な休養を取
ることが重要です。なお、就寝時間は体内時計を規則的に維持

22　「**積極的休息法**」（**アクティブ・レスト**）とは体操、軽い運動や散歩などを行うこと
によって血流を良くし、疲労物質を効率的に排出するもので、主にストレスなどの精
神的な疲労回復をしたい時に使用するものです。

23　「**消極的休息法**」（**パッシブ・レスト**）とは睡眠・昼寝・マッサージなどによって休
むことで、主に肉体的な疲労回復をしたい時に使用するものです。なお、リラック
ス、疲労回復やストレス解消などのために行うマッサージ・按摩（あんま）・指圧・ツボ・鍼灸（しんきゅう）
などを**手技療法**（しゅぎ）といいます。

24　よく寝られないこと（「**不眠**」）には一般に**入眠障害**（なかなか寝付けないこと）と
熟眠障害（夜中に目が覚めるなどの熟睡できないこと）があります。なお、寝る前の
深呼吸は睡眠に良い影響があります。

しバランスを保つために、できるだけ規則的であることが望ましく、２時間以上ずれると体調が狂い、病気などに結び付きやすく、それを補正し元の状態に戻るまでに数日かかります。

　そして、**十分な睡眠の長所**として例えば、頭脳が冴えわたること、気力や体力の充実、高い集中力、創造性・生産性や効率性の向上、適度な成長ホルモンの分泌、傷ついた細胞の修復、免疫力の向上、病気や老化[25] 予防などがあります。

😊　よくわかりました。適切な休養はとても重要なのですね。また、積極的休息と消極的休息があるのですね。初めて知りました。

😎　そのとおりです。さらに、睡眠不足や休養不足はストレスや病気などの原因となり、寿命が短くなると共に日常生活において酔っているのと同様に認知機能を鈍らせ、頭が冴えず、集中力を弱め、意思決定能力や生産性・効率性を低下させます。さらに、睡眠不足は例えば、居眠り運転などのような瞬眠をもたらし、生命を危機に晒すこともあります。

---

[25] 老化には成長ホルモンが関連しています。適度な運動・睡眠・栄養によって最大限成長ホルモンの分泌を促したいものです。身体の老化のプロセスは変化の状況です。その変化を明るく前向きに受け入れ歓迎し、面白がり楽しむことが大切です。他方、心は本来老化しません。そのように考えるのは身体に合わせて自分がそうしているだけです。

⑤　社会性

　　健康や幸せのためには良好な社会との関わりや繋がり（「社会性」）も重要ですか。

　　そのとおりです。人間は社会的存在なので、健康のためには社会の中で自己の役割や居場所の存在という**社会性**を持つことが非常に大切です。すなわち、社会的にも良好な状態であること、より具体的にはいわゆる「キョウイク（今日行くところがあること）とキョウヨウ（今日用事があること）」があり、社会との関係において**認知機能**[26] が十分発揮されていることが大切です。

　なお、周知のように脳は高齢者であっても日々新しい神経細胞を作り続けており、新しいことを学んだりすることが可能です。反対に、使わないと確実に機能低下していきます。それゆえ、生涯**現役**でいるためには、家や社会において自分の役割や自己の枠を超えた使命などの**主体的に生きる意味・生きがい**[27] **や自尊心**を持っていることが大切です。

　　なるほど……社会性は確かに健康や幸せのためにとても

26　認知機能は歩行機能と相関することや、適切な食習慣、運動習慣や睡眠によって一定程度**認知症の予防**ができることが一般に知られています。
27　人生で生きる意味や生きがいを最も感じられるのは「誰かに役立っていることや必要とされていることである」といわれます。

重要ですね。この社会性と関連して**孤立**[28] と**孤独**[29] が問題になりますが……。

一人だけの時間である**孤独**（「**一人時間**」）は年を重ねるに従って社会的な役割が段々減っていくことがその原因の１つです。そして、これには良い面と悪い面の双方があります。すなわち、㋐まず第１は孤独を積極的に受け入れ、読書、趣味、運動、散歩、瞑想、振り返りなど一人で集中し、自由に考え、内なる声を聞き、ありのままの純粋な気持ちで感性を磨き行動できるという**孤独力**というポジティブな側面での**積極的な孤独**、すなわち、自分で自分を認め、喜ばせ、自己完結性のある精神的自立ができるという積極的な側面です。

　反対に、㋑第２は孤独を消極的に考え、一人ぼっちであり、心の支えがなく寂しいという分離不安[30] に基づくネガティブな側面での**消極的な孤独**[31] という側面です。また、この場合「社

28　「**孤立**」とは主に社会との接点のない状態のことであり、社会との接点の有無などで定量化され得るものです。

29　「**孤独**」とは主に他の人との接触や連絡がない状態のことであり、その結果「自分一人である」という心理状態を**孤独感**といい、定量化し得ない極めて主観的なものです。この孤独感は一般に西洋的な個人主義の考え方が強い社会ほど強くなります。なお、自分は自分であると考え**孤高**でいることと、孤独であることとは異なります。そして、特に**自己放任（セルフ・ネグレクト）**は自暴自棄と同様に良くない習慣です。

30　「**分離不安**」とは典型的には赤ちゃんの母親と繋がっていたいけれども、繋がれないという時の不安です。

31　この場合例えば、典型的に幼い子供に見られるように、他の人の評価に依存して生きている場合が多いです。

会との関係の質」が問題となります。すなわち、社会貢献を心掛け、社会との良好な関係を維持できる場合には社会との**関係の質が高く**、反対に社会との良好な関係が維持できない場合には社会との**関係の質が低く**なります。

 　孤独にも積極的孤独と消極的孤独があるのですね。また、質的な問題があるのですね。

 　そのとおりです。それゆえ、健康で幸せな生活を送るためには、身近な話し相手がいて情報交換が気兼ねなくでき、家や社会において自己の役割や生きがいを持ち、社会との関係の質が高いことが大切であること。すなわち、良いコミュニティーを作り、そこで他者や社会と主体的に関わりながら共に成長し、幸福感を得ていくことが大切です。

　以上説明してきた**健康の5要素**を適切に確保するという**健康的な生活習慣**を身に付けることによって、健康でいつでも明るく前向きに長生きすることができ、また継続的な努力と効率的な仕事が行え、たとえ苦境に遭遇（そうぐう）しても逆境力を発揮でき、その結果として夢を叶え幸せな人生を送れます。このことは周知のとおり、**裕福な人ほど自己の健康のために時間とお金を投資（健康投資）しているという現実**からも説明できます。

 　確かにお金持ちほど健康の真の価値を知っていて健康投

資を行っていますね。

　そのとおりです。

⑥　経済的な健康（お金持ち）

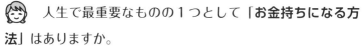　人生で最重要なものの１つとして「**お金持ちになる方法**」はありますか。

　勿論_{もちろん}あります。資本主義社会ではほとんどのものは金銭的価値で表現されます。それゆえ、人生を豊かに送るためには経済的な健康（豊かさ）が大切であり、豊かであることは良いことです。自己のやりたいことをし、自己の個性と創造力を発揮し、自己実現を果たすと共に、寄付などの社会貢献を行うためなど自己の種々のチャンスを広げ、発揮するためにも経済的な豊かさは必須のものです。残念ながら現実の社会では大きな**経済格差**が生じています。**お金持ちになる方法**として図表２-６のようなものがあります。なお、ここでは拝金主義者的な成金や守銭奴ではなく、**品格と高潔さを兼ね備えたお金持ちになるための思考・生活習慣**について説明しています。

図表2-6　お金持ちになる方法

（1）【お金持ちの思考・生活習慣】 ・早起きし朝・昼・晩の時間を有効に利用すること

・日記・深呼吸・瞑想・振り返りなどのために一人時間や考える時間を持っていること
・健康に留意すると同時に快適で安定した心の状態を維持していること
・自己肯定感・自己効力感や自尊心（自己重要感）が高いこと
・小さなことにこだわらず、豊かな気持ち・裕福感・充足感を持っていること
・気持ち・時間・経済的に余裕があり視野 狭 窄（トンネリング）に陥らないこと
・六思力を発揮し、正しい判断や行動をしやすいこと
・状況を柔軟に受け入れる思考やクリエイティビティ、ポジティブ思考習慣やポジティブ行動習慣が身に付いていること
・事前準備・整理整頓・後片付けができること
・マイペースでワクワクする明確な目標を持ち計画的に行動すること
・例えば、読書、美術鑑賞、旅行や自然に触れることなど未来に繋がる時間の使い方をしていること
・趣味や読書など思考や知識のみではなく、行動も重視すること
・自分の好きなことをしていること
・仕事が大好きで夢中になりやすいこと
・収入を上げる努力をしていること
・幸運を引き寄せる努力をしていることなど

(2)【人間関係】
・家族などを大切にしていること。また他人と争わず・怒らず良好な人間関係を保つことなど

(3)【投資などの基礎】
・ポジティブMS（自分は裕福になりつつあると常に考え、イメージし続けること）であること
・お金は良いものであると考えること
・お金はいくらあってもよく、それをどのように（例えば、社会のためなどの**生き金**として）使うのか（「**使い方**」）が問題であり、可能な範囲で寄付などを行っていること
・家計や人生の拡大均衡を目指すこと
・財形貯蓄や積立定期預金などによって、収入のうちまず一定額の貯蓄を先取りし確実に貯め、残りで生活すること
・自ら働くことのみならず、適切にお金にも働いてもらうこと
・お金に対する適切な価値判断や自分軸を持っていること
・将来を見据えたマネープランを持っていること
・記録によるお金の管理ができること
・収入が上がっても見栄をはらず生活水準や購買水準を上げず、質素な生活をするという適切な収支バランスの良い節約・貯蓄・投資に関する**金銭感覚**を養うこと

・良い投資先を常に考え、投資方針に基づき計画し、実行し、必要に応じて修正・変更を行うこと
・経済的な余裕があり、リスクを取って新しいチャンスを捉え、投資ができること
・余裕資金で投資を行うこと：借金してまで投資を行わないこと
・投資分散（適切なポートフォリオを組むこと）をしてリスク分散を心掛けること
・投資信託などから始めて株式投資（国内株式→外国株式）などへ移ること
・デイトレードではなく、一生持っていても良いような株に長期投資すること
・投資先については企業業績などの経営状況の分析（経営分析）をしっかり行っていること
・（素人は）レバレッジを掛けないこと（大損する可能性があるので）
・（素人は）FXや複雑な金融商品などに手を出さないこと（同上）
・**投資は自己責任**であることを覚悟していることなど

 お金持ちの多くの良い習慣があるのですね。

 これらを活用してあなたも是非**品格のあるお金持ちに**

なって下さい！

 ウェルビーイングと身体の健康の要素

① **ウェルビーイング**とは**心の健康・栄養・運動・休養・社会性がバランス良く保たれ、健康で幸せな状態**です。
② 身体の健康の4要素には**心の健康・栄養・運動・休養**があります。
③ 自己のやりたいことをし、自己の個性と創造力を発揮し、自己実現を果たすと共に、寄付などの社会貢献を行うためにも経済的な豊かさは必須です。

（4）　生活と生存

健康を考える場合に目の前の「生活」のことだけを考えれば良いのでしょうか。

真の健康を考える場合には「生活」の側面ばかりでなく、自然法則により生かされているという「生存」の視点も同時にバランスよく考えることが非常に大切です。すなわち、私たちはほとんどのものはお金さえ出せば何でも自分の思い通りになるという価値観の下に、一般にできるだけ便利で快適に美味しいものをできるだけ沢山享受したいという自己中心的な**生活**の側面のみを考えかつ重要視しています。

例えば、できるだけ便利で快適にということで、エレベータなどを頻繁に利用していますし、美味しいものを沢山食べたいと思い、美味しいステーキなどを食べ過ぎることなども少なくありません。お酒やたばこも同様です。これらは基本的に生活の側面のみを見ており、**人生の基盤である自然法則によって生かされているという生存の視点**をほとんど重視していません。

私もこれまであまり生存の側面を気にしてきませんでした。

しかし、このような生活習慣をしているといわゆる**生活習慣病**[32] などにかかりやすくなります。成功し幸せな人生を送

---

[32]　**生活習慣病**には例えば、糖尿病・心臓病・脳卒中・肥満・歯周病などがあります。

るためには、もう一度生存の視点に立ち返ることが大切です。自然法則である**生存の法則**[33] は私たちの私的な感情などを全く考慮することなく、法則通りの結果を生活習慣病などの形で発現させます。

 私も生存をより重視し、**生活と生存の適切なバランスを取って生活**したいと思います。

 頑張って下さい。

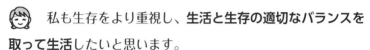

生活と生存

①真の健康を考える場合には「生活」の側面ばかりでなく、自然法則により生かされているという「生存」の視点も同時にバランスよく考えることが大切です。

②自然法則に従って生きるという生存の視点は人生の前提となり、生活より優先されるべきものです。

③自然法則である**生存の法則**は私たちの私的な感情などを全く考慮することなく、法則通りの結果を生活習慣病などの形で発現させます。

（5）　言葉の実体化現象

 健康と関連して**「言葉の実体化（実現化）現象」**といわれ

33　「**生存の法則**」とは自然（の法則）から遠ざかれば遠ざかるほど不健康となるという法則のことです。

ますが、どのような内容ですか。

これについてはまず「言葉の実体」について正しく知る必要があります。すなわち、私たちは通常西洋的な考え方に基づいて例えば、リンゴや建物などのように、言葉にはそれに対応する固定的な実体が存在するものと考え生活しています。

ところが厳密にこれを検討してみると、例えば、建物といった場合、固定的な建物はありません。つまり建物でも1階建てのものも100階建てのものもあるし、木造建てや石造り建てなど様々なものがあり、特定の固定的な実体はありません。これと同様に、例えば、老人や病などの言葉もある程度の抽象的なイメージはありますが、**固定的な実体はなく虚妄的なもの**であり**幻想**や**錯覚**に過ぎません。ところが繰り返し明確にイメージし思い描く（「**自己暗示や他者暗示**」）という形でその言葉にエネルギーを与え続けると、その言葉が実体化してきます。これを**言葉の実体化現象**（言葉の現実化現象・予言の自己実現）といいます。

よくわかりました。**言葉**（自己暗示や他者暗示：本来虚妄的なもの）→**イメージや感情**→**エネルギー**（繰り返し思うこと）→**実体化**ということですね。

そのとおりです。**これは潜在意識の活用によって目標を達成することと同様の作用です。**なお、これにはネガティブな

側面とポジティブな側面の両面があり、それゆえ悪い方は避け、良い方は最大限に活用することが大切です。

　ネガティブな側面の例としては例えば、「老人」「病気」**34** などの言葉があります。老人という言葉に例えば、杖を突いた弱々しい年老いた人など、ある程度のイメージはあります。

　しかし、人によって全く違いますし、同じ人でも70歳と90歳では全く異なっています。つまり、老人に固定的な実体はなく虚妄的なものです。ところが、一般の人の多くは、退職後自分は老人であると他の人から言われ、自分でも活動的でなく、また運動をしなくなり、「もう年だから」という暗示をかけ続け、エネルギーを与え続けることによって身体が段々と老人らしく弱々しくなり、老人という言葉が実体化してきます。

　これに対する**対処法**（coping）は社会一般の常識と異なり、この言葉を受け入れないで明るく健康的に生活することへの意欲を持ち続け、できるだけ**活動量を維持する**ことです。

　　よくわかりました。対処法を活用したいと思います。すなわち、対処のポイントは例えば、80歳でエベレスト登頂に成功した三浦雄一郎（冒険家）のように、社会常識（言葉）を受

---

34 他人に対する恨みや自分自身に対する軽蔑などのネガティブな感情がストレスとなり病気を誘発することがあり、この場合そのストレスにエネルギーを与えているのは自分自身です。

け入れず、常に積極的に考え、かつ身体を鍛え活動量を維持した生活をすることですね。

 そのとおりです。

 言葉の実体化現象

① 老人などの言葉は**固定的な実体はなく虚妄的なもの**であり**幻想**に過ぎません。

② 繰り返しイメージし思い描くという形でその言葉にエネルギーを与え続けると、その言葉が実体化してきます（**言葉の実体化［実現化］現象**）。

③ これに対する**対処法**は社会一般の常識と異なり、この言葉を受け入れないでポジティブに生活することです。

（6） 若さを保つ秘訣と年齢の8掛思考

 健康との関連で、「いつまでも若さを保つ秘訣」にはどのようなものがありますか。

 まず心構えとして「歳を取ること[35]・取れることを大いに喜び歓迎し楽しむこと」です。そして、いつまでも**若さを保つための方法**としては例えば、以前に説明した「健康の4要

---

35 心は本来歳を取りません。心を老人のように弱めているのは自分であり、身体に心を同調させているだけです。

素」の内容を実践し気力と体力を維持し続けること、年齢の 8
掛思考を実践することや常に旺盛な好奇心（チャレンジ精神）[36] と
行動力を維持することなどです。

　ここで「**年齢の 8 掛思考**」とはいつまでも心の輝きを保つた
めに、主観年齢を実年齢の 8 掛（80%）と考え行動することで
す。例えば、60 歳の場合には 60 × 0.8 = 48 歳です。すなわ
ち、若さは自分の思考によって決まります（一切唯心造）。つま
り、私たちは心が輝かずに弱ると身体も弱ります。

　😊　8 掛思考は良い方法ですね。是非これから活用したいと
思います。

　😊　頑張って下さい。そして、長生きすることはそれだけ知
識、経験などが得られ、より良い人生に対する発想や生き方が
できます。そして、「何かを始めるのに遅すぎるということは
ありません」。英国のエリザベス女王のように生涯現役を目指
したいものです。また、人生で最も輝きに満ち生産的な年齢や
人生における最高の仕事が一般的な退職後であることも稀では
ありません。このように明るくポジティブで活動的・健康的に
歳を重ねることが**ポジティブ・エイジング**[37] です。

36　好奇心やチャレンジ精神の強さは**若さの程度や生命力の強さ**を表します。
37　図表 2-7 のように、心身が健康で気力と体力が維持されていれば自分のやりたいこ
　とが自由にできます。

😊 わかりました。これからは健康の4要素をバランスよく維持することを心掛けたいです。

😊 頑張って下さい。なお、歳を取れば取るほど下半身を中心とした運動をし、できるだけ小まめに身体を動かし活動量を維持し気力と体力に自信を持ち続けることが必須です。

(POINT)
若さを保つ秘訣と年齢の8掛思考

① **若さを保つための方法**としては健康の4要素の内容を実践すること、年齢の8掛思考を実践することや常に旺盛な好奇心、行動力と活動量を維持することなどがあります。
② **年齢の8掛思考**とは主観年齢を実年齢の8掛と考え行動することです。

---

(7) ストレス解消法

😊 健康で幸せな人生を送るために有用な「ストレスの解消法」はありますか。

😊 ストレスは心身に対して非常に悪い影響を与えます。ストレスの種類には受動的ストレスと能動的ストレスとがありま

図表2-7　健康：気力体力の維持

健康	心	気力	やりたいことができること	好奇心・挑戦心
	体	体力		挑戦・行動力

す。「**受動的ストレス**」とは他者からもたらされた嫌々ながら物事をする時などに受動的に感じる悪いストレスのことです。

　この例として例えば、他者によって設定された課題の締切日が迫った時に感じるストレス[38]や人間関係でのストレスなどがあります。他方、「**能動的ストレス**」とは自ら設定した目標などに積極的に取り組んでいる時に感じる適度なストレスで、集中力が付き、自分が成長するために良いストレスです。

　　ストレスには受動的で悪いストレスと能動的で良いストレスがあるのですね。

　　そのとおりです。そして、ストレスは外から加えられた精神的な圧力によって生じる心身の歪みや刺激であり、ストレスに対する抵抗力である**ストレス耐性**が高くないと受動的ストレス[39]の場合には一般に心身に悪い影響を及ぼし、病気などを引き起こす可能性があります。それゆえ、受動的ストレスは一般にない方が良いとされます。ストレスがない場合には、その解消のために時間やお金を費やす必要がありません。

　そこで、もしストレスを感じる場合には適当なストレス解消

---

[38]　「時間がない」や「時間が足りない」という**時間不安**が強いプレッシャーやストレスとなります。

[39]　多くの病気の原因は病原菌やウイルスなどによる（肉体が痛く苦しい）ものを除き、ストレスに関連した**心因性のものです。それゆえ、病気について心配をすると益々悪くなります。**

や管理が必要です。なお、この**ストレス解消法・気分転換法・心のリセット法**として例えば、健康の4要素で説明した心の健康を維持すると共に、軽く栄養を取ること（軽いスナックやコーヒーなど）、軽い運動をすること（自然との触れ合い、散歩、ジョギング、体操など）、軽く休息を取ること（小休止、リラックスできる音楽、仮眠など）、マインドフルネス、読書[40]、ペットと触れ合うこと、笑う[41]ことや入浴などの方法があります。これらのものは健康的でありかつ幸福感も高まりますのでお勧めです[42]。

よくわかりました。これらのストレス解消法を活用していきたいと思います。

頑張って下さい。なお、同じストレス解消法といってもゲーム、たばこ、ギャンブルなどはお金も時間も必要でありかつあまり健康的でないので勧められません。

---

[40] **読書の長所**には知識の蓄積、楽しみの増加、ストレスの解消、収入の増加、創造力や人間性の向上、心の平安、寿命の延長など多くのものがあります。

[41] **表情フィードバック仮説**によれば表情が感情へ影響を及ぼすこと、すなわち笑顔がポジティブな気分へ影響を与えることが知られています。

[42] なお、わが国においてよく見られる**防衛的悲観主義**に基づき「あまり他の人に期待をしない」こと（「**期待しない法**」）によってストレスを低く抑えることができ、また自分が傷つかなくなります。この場合、感情を抑え付けようとするとストレスになるので、それをありのままに感じ認めてやります。そして例えば、「**暗い部屋に電気をつければ暗闇が消えてしまう**」ように、人間は同時に2つのことを考えることはできません。それゆえ、その感情に即反応・即行動することを避け、その思考から離れ、全く別の楽しいことや嬉しいこと（「**代替思考**」や「**代替行動**」）を考え行うことが大切です。

ストレス解消法

① ストレスには受動的ストレスと能動的ストレスがあります。

② **ストレス解消法**として例えば、マインドフルネス、読書、音楽、自然との触れ合い、笑うことなどの方法があります。

3　一切唯心造

(1)　一切唯心造の法則の意義

　　人生の法則としての「一切唯心造の法則」の意義はどのようなものですか。

　　「**一切唯心造の法則**」[43] とは心は人生における一切の根源であり、**人生において明るさ・楽しさ・愛・夢・健康・幸せ・成功・富・幸運・運命[44]・人生などのすべてのものは自己の心に拠っており、心に拠って創造される**という法則です。

　言い換えれば、「すべては心次第である」「すべてが心にかかっている」ということ、すなわち「心が人生を造り出しており、私たちには自己の人生をどのようなものにするのかについ

---

[43]　一切唯心造は一般に悟りの境地の１つであると言われており、東洋思想の根本思想の１つです。「**悟りは苦しみからの解放**」をもたらします。なお、心の中には**天・人間・修羅・畜生・餓鬼・地獄**という**六道**があるといわれています。

[44]　心という内面の状態がそれに相応したものを引き寄せ実現化するので、**運や運命も心が造り出しています**。

て自由で主体的な選択権がある」「自己が現実や人生の創造者である」ということを自覚することが大切です。すなわち、心で思い・イメージする力（「想像力」）には創造する力（「創造力」）があり、その考えを現実の現象として実現（「思考の現実化」「イメージの現実化」）する性質を持っています。

　この一切唯心造の観点から「**自己の心のあり方や意志の強さこそが大切であり、人生は自己の主体性すなわち自己がすべての主体である**」ことを自覚し、自分軸で生きること、言い換えれば人生は「一切唯心造という**創造原理に基づき自分の人生を自分の力で創造していくこと**」が大切です。それゆえ、**常に自分にとって正しいことを選択すること**、つまり自分にとって明るく楽しい**最善な状況や環境を考え行動すれば良い**のです。

　よくわかりました。心がすべての源なのですね。この場合、「**心**」には何が含まれますか。

　心には（顕在）意識と潜在意識、考え（思考[45]）、内面との

45　感情は思考についての身体の反応で、「例えば、怒ると頭に血が上るように」感情は身体へ物理的な変化を引き起こします。つまり、**思考は頭の中でなされる**のに対して、**感情は身体においても感じられます**。このように、思考に**感情が伴うと念や情熱（エネルギー）**になります。さらにその感情を伴った思考が継続的に固く信じられたものが「**信念や継続的な心のスタミナ**」です。それが潜在意識へ送り込まれ、それに対する継続的努力に伴って実現してきます（「**思考＋感情＝念・情熱 → 継続的に固く信じる：信念・継続的な心のスタミナ → 潜在意識 → 継続的努力 → 現実化【思考実現法・願望実現法】**」）。このように、心には意識し論理的に考える機能と同時にエネルギーや情熱を伴って何かを行う力もあります。言い換えれば、潜在意識は思考を物質に変える力を持っています。

対話、信念、マインドセット（MS）、感情（気持ち）、感じ方、イメージ（想像）などが含まれます。人生は日々の小さな考えや行動の積み重ねでできており、心のあり方や行動ひとつで人生は大きく変わります。すなわち、すべてのものは２度造られます。１回目は内的で抽象的な世界である心の中で無から有を生じさせる**思考**（設計図、想像やイメージ）として創造され、２回目はそれを実現するために**行動することによって**外的で具体的な世界である**現実のもの**として創造され実現します。

　すなわち、**思考やイメージという内的**（で精神的）**な世界が外的**（で物質的）**な現実世界を創造しています**。つまり、前者の思考が原因であり、後者の現実が結果です（因果律）。これは一般に「思考は実現する」「思考は現実化する」ということです。例えば、成功と失敗、幸せと不幸などの差異を造り出すものは私たちの信念ないし心の姿勢です。すなわち、自分の「夢の実現を信じ、絶対的な信念を持って行動する」という行動習慣を取り、かつその実現を確信すれば[46] 夢は実現できます。

　😊　つまり、**心**（思考：意識の状態）**→ 言葉**（→信念）**→ 行動 → 現実化**（「心の実現力」）ということですね。

　😄　そのとおりです。このことは誰でもが知っているけれど

46　**時節因縁**（因縁が熟する時が必ずやって来るということ）によって。

も、残念ながらほとんどの人が自覚し行動指針としていないのが現状です。それゆえ、自分がどのような人間になり、どのような人生を送りたいかという自分の理想の姿（「理想自己」）を心で強く思うことが成功し幸せになることなどすべての出発点です。つまり、成功し幸せな人生を送るためには、明確な目標を設定し、心の姿勢として常に明るく前向きなポジティブMSを基礎とし、それを実践することが必須です。

　このように、夢を叶え幸せな人生を送るためには、自己の意識を常に明るい方・ポジティブな方に向け、明るい期待や夢を持って生きることが大切です。また、単語法、貼紙法やセルフトークなどによって、心の中で常に夢や目標などを繰り返し考えていれば、それが思考習慣化し実現化します。

　これからこれらの方法を活用したいと思います。

一切唯心造の法則

①**一切唯心造の法則**とは**心は人生における一切の根源**であり、**人生において明るさ・愛・夢・健康・幸せ・成功・富・運・人生などのすべてのものは心に拠っており、心に拠って創造される**という法則です。

②自己の人生をどのようなものにするのかについて、私たちには**自由で主体的な選択権と選択力**があります。

③ **自己が現実や人生の創造者**です。

④思考は実現します。

⑤ **心** (思考→感情) → **言葉** (→信念) → **行動** → **現実化**です。

（2）　事実と解釈力・対応力

😊　人生において生じる出来事について、どのように解釈し対応すればよいでしょうか。

😎　人生で生じる出来事**それ自体はあるがまま存在するものであり、本来中性的な性質のものです。それには必ずプラスの側面とマイナスの側面の両面があり**、特定の意味や解釈を示しません。この場合、**現実は自己の観点から見・解釈したもの**であり、その出来事それ自体よりも、**それと向き合う心の姿勢や生きる姿勢の方がより重要**であり、それゆえ、その事実を受け入れる[47]側の**解釈力**とそれに対する**対応力**がより大切です。

　すなわち、そこでは「**出来事×解釈力×対応力＝結果**」の程度という**解釈対応の方程式**が設定できます。このように出来事をできるだけ生かすような解釈力を身に付け、それに基づいて積極的に対応することが大切です。

---

[47]　出来事を「**ネガティブな５Ｄ言葉**」(「だって」「ダメ」「でも」「どうして」「どうせ」) を使用して受け入れないのではなく、それらを使わずに、ポジティブに受け入れ解釈し行動していくことによって道が拓けます。

すなわち、**事実 → 積極的な解釈 → 積極的な対応 → 成功・幸福**ということですね。

そのとおりです。

（3） マインドセット効果

「一切唯心造とマインドセット」はどのように関連しますか。

両者は密接に関連します。すなわち、「**マインドセット**」（MS）とは知識や経験など長年を掛けて形成された思考様式（**心の習慣・思考習慣・思考パターン**）であり、価値観や信念なども含まれます。マインドセットの選択の中で最も重要なものとして、㋐**ポジティブ・マインドセット**（PMS：積極思考）[48] **かネガティブ・マインドセット**（NMS：消極思考）かということと、㋑**成長型マインドセット**（成長思考）**か固定型マインドセット**（固定思考）かということです。これについて結論からはっきり言えることは、どちらの MS を採用するかで、その後の人生に非常に大きな影響を与えるということです。

　すなわち、一般的には（**成功・幸福 MS である**）**ポジティブ・マ**

---

[48]　ポジティブは明るく楽しく健康的で前向きで肯定的な創造・成長（向上）・統合するエネルギーです。

インドセットと同時に成長型マインドセットを取る場合には、旺盛な好奇心によって積極的に様々な出来事から常に学び、どうすれば自分を向上させることができるのかを考え行動するので、成功し幸せな人生を送る可能性が高いということです。

　それゆえ、心の習慣を消極的なものから積極的なものへと転換（**リフレーミング**[49]）することによって、思考変容や行動変容がなされ成功し幸せになれます（**マインドセット効果**）。すなわち、人生において生じる様々な出来事それ自体よりも、それをどのように（ポジティブかネガティブか）解釈し、対処していくのかの方が成功し幸せになるためにはるかに重要です。

　よくわかりました。ポジティブMSと成長型MSが大切なのですね。私も是非これらを活用していきたいです。

　是非活用して下さい。

> **POINT**
> ## 一切唯心造とマインドセットとの関連
> ① 一切唯心造において**ポジティブ・マインドセット（PMS）**と**成長型マインドセット**が大切です。
> ② ポジティブ・マインドにするために**リフレーミング**を活用します。

49　光が輝くと闇が自然と消滅するように、ポジティブな考えはネガティブな考えを消滅させます。これによって自己の思考・言葉や行動（身口意）が**選択可能でコントロール可能**なものとなります。

4　自他一如

（1）　自他一如の法則の意義

「自他一如の法則」とはどのようなものですか。

「自他一如の法則」とは**自己とすべての他のものは相互に密接に繋がり影響し合い関連し合っており、全体として一体の関係にある**（oneness：1つであるという状態）[50] **という法則です。この法則を真に理解し実行できれば「人格の完成」が達成される可能性が高くなります。**

　自他一如は極めて東洋的な考え方であり、西洋的な分類・分離・比較・評価ではなく、統合・調和・一体感・慈愛を特徴としています。この自他一如の考え方の基礎には、この世界は相対的な世界であり、縁によって生じ縁によって変化するという縁起の法があります。

---

[50]　それゆえ、この考え方によれば西洋的な完全な「自他分離」という幻想が実体なきものと気づき、幻想の世界から目覚めることができ、そしてこの世に存在するすべてのものは（自分と）繋がっている（諸法無我・自他一如）と考え、すべてのものに愛を感じることができます。この自他一如は一般に無我に到達した人が得られる悟りの境地の1つであると言われています。また、その時自己（の物質的な）感覚が薄れすべてのものと一如となり、一体感・和合・調和が感じられます。そこでは「自分（自意識：自我）が自己の意識の中にいない」ことに気づき、自意識がなく、あらゆる価値判断や幻想がない状態ですべてのものをありのままに見て理解することができます。その状態は自我のない醒めた意識（無我意識）の状態です。そこでは心の平安・愛・喜びなどの本当に価値のあるものが感じられます。反対に、自意識の1つである悔しさや負けず嫌いの強さで自我の強さを判断することができます。

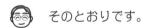　なるほど…… 自他一如は非常に大きな視点から人間関係を捉えるものですね。

　そのとおりです。他方、西洋思想では自他一如や統合と全く反対に、自他を明確に分離する分離された意識すなわち「(自他)**分離主義の二元論**」**的な考え方**である個人主義的な考え方で比較や評価をすることが一般的だからです。そして、もしこの自他一如の法則を真に理解し一体感を感じれば一般の人が感じるような**分離不安**が解消されます。また、人間は社会的動物なので関係性の中で上手く生きていけます。

　なお、この「自分を愛するように他人を愛する」という自他一如の考え方から慈愛・自利利他・和・シナジーなどが派生し、その実践によって真の平和や心の平安が達成可能です。

　わかりました。真にこの自他一如を理解できれば良い人間関係を作ることができますね。

　そのとおりです。

（2）　人間関係

　自他一如に関連して人との関わり方としての「人間関係」においてどのような関係が「理想形」ですか。

　人との関わり方としての人間関係について、私たち**人間**

は文字どおり「人の間」に生きています。すなわち私たちは集団帰属本能を持つ社会的動物であり、社会において他者との関係性の中で生きており、人間関係は人生における成功や幸せのために最も重要な要素の１つです。また、人生とは人との出会いであり、その出会いは人生で最も価値のあるものの１つであり、自分を大きく成長させ、転機を与えてくれます。

　多くの人と出会ってそれを大切にし、ウインウイン関係によって共に繁栄できるというイメージを相手に送ることによって良い縁を育み、相互に尊敬し良好な人間関係を維持することによって、自分を大きく成長させ豊かな人生としたいものです。

　　よくわかりました。人生において人間関係はとても重要ですね。それゆえ、良縁をもたらす場所へ常に積極的に自分の身を置くように努力することも大切ですね。

　　そのとおりです。なお、この人間関係には図表２−８のようなものが含まれます。

　人間関係について図表２−８のように、②「自他分離」的な視点から「ウイン・ルーズ関係」的に考え競争に勝つという「優位性の価値観」に基づき心貧しく一人勝ちしようとするのではなく、「自他一如」的な視点から心豊かに相手の立場に立って、それを尊重し皆で共栄でき、共感し相手にも喜んで

170

図表2-8 人間関係

関係		自己	相手	相互の関係	内 容	
関係	する	○	○	①ウイン・ウイン関係	シナジーの発揮、理想的関係	共存共栄＊・共生
		○	×	②ウイン・ルーズ関係	自己にとっては有利	共存
		×	○	③ルーズ・ウイン関係	自己にとっては不利	
		×	×	④ルーズ・ルーズ関係	共に最悪	
	しない	－	－	⑤無関係の関係	関わらない	

(注) ○：勝、×：負、－：関わらない
　　　＊：常に共に繁栄し続けることが理想形・完成形です。
(出所) 岩崎、123頁。(一部修正)

もらいたいという①「**ウイン・ウイン関係**」を築くことが理想形・完成形です。

　しかもこの状況の下で**シナジーが発揮され、両者のパイが拡大し、お互いに豊かで繁栄できます。**このウイン・ウイン関係において富は無限に拡大するものであり、他者と協力してより大きなパイを創造し、共に繁栄（「**共存共栄**」）していけます。なお、これを発展させたものとして近江商人が採用している「**三方よし**」（**ウイン・ウイン・ウイン関係**）[51] があります。

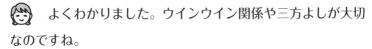 　よくわかりました。ウインウイン関係や三方よしが大切なのですね。

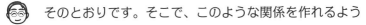 　そのとおりです。そこで、このような関係を作れるよう

---

[51] 「**三方よし**」とは「買い手よし、売り手よし、世間よし」ということです。

に、常日頃から心の豊かさ[52]や豊かな人間性を持って例えば、お客様本位などのような**相手の立場を尊重**し、相手を思いやり、**信頼関係**や**関係性**を構築しお互いに共感し、集団帰属本能を満たし、相手から尊敬されるように努力することが大切です[53]。

 よくわかりました。

（3） ギブ・アンド・テイク

 関連することで「ギブ・アンド・テイク」の観点から人間関係をどのように作り上げたらよいのですか。

まず「**ギブ・アンド・テイク**」とは持ちつ持たれつの関係のことで、いわゆる作用反作用の法則（動反動の法則）です。このような関係には図表２−９のような３つの関係があります。

　まず、「**ギバー**」とは自他一如的思考に基づき他人へ与える人のことで、他者から受け取った以上のもの（経済的価値や効用

---

[52] **心豊かな人**とは自分の行動が他の人にどのような影響を与えるかを配慮し、相手の立場を尊重することができる人のことです。なお、**豊かさの種類**には例えば、肉体的、経済的、心（感情）的、精神的、経験的、時間的な豊かさなど様々なものがあります。**健康で豊かで幸せであること**は生命原理に適合しています。なお、反対に人生における**五貧**として**金（物質）貧・心貧・人貧・時間貧・知識経験貧**があります。
[53] なお、人生において**積極的に付き合うべき人**には、例えば、お互いに尊敬でき一緒にいると心が和み、ポジティブな心にしてくれる人、自分を成長させてくれる人、共に繁栄できる人などがいます。

図表2-9　ギブ・アンド・テイク

名　称	ギブ	テイク	ケース	備　考	人間関係
① ギバー	○	―	日常的な心掛け、ボランティア活動	利他的	非常に上手くいく
② マッチャー	○	○	ビジネス：ウイン・ウイン関係	自利利他的	上手くいく
③ テイカー	―	○	ずる賢い人	利己的	上手くいかない

(注) ○：該当、―：該当なし

価値など）を与え、喜ばせる人のことです。言い換えれば、私たちが本能的に持っている他の人に喜ばれると嬉しい、他の人が喜ぶ姿を見て自分も喜ぶ人であり、与えることによって自分も豊かで魅力的な人間になれることを本能的に知っている人です。このように人間は他の人の喜びを共感できる高度に精神的で魅力的な生き物です。この代表例としては社会の課題解決に貢献するボランティア活動などがあります。

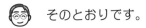　これらの行為は直接的には何の経済的な見返りもないけれども、間接的には十分な精神的な自己重要感や自己肯定感などが得られ、魅力的な人になれますね。

　そのとおりです。

　次に、「**マッチャー**」とは社会やビジネスなどで最も一般的な相互依存的で自利利他的な人で、返報性の法則に基づき受け

取ることと与えることのバランスを取りマッチさせようとする人のことです。これにより相互の専門的な能力が生かせ、皆で一緒に繁栄するというウイン・ウイン関係が築け、さらにシナジーも得られることが一般的です。

　最後に、「**テイカー**」とはどちらかといえば自己と他人とを二元論的なトレードオフ関係で利己的に考え、他から受け取ることを重視する人です。それゆえ一般に日常の行為も**「自分の得になるならば」**という**損得基準を判断材料**として行います。それゆえこれは社会的にはあまり推奨できない関係です。しかし、現実にはこの考えの人も少なくありません。

😊　よくわかりました。わたしもマッチャーやギバーを目指したいと思います。

（4）　感情指数（EQ：emotional quotient）と知能指数（IQ：intelligence quotient）

😊　人生において「良好な人間関係」をどのように保てばよいのでしょうか。

😊　人生において自己を取り巻く人たちと良好な人間関係を保つことは、成功し幸せになるために非常に重要です。これは図表 2‒10 のように、**非認知能力**であり、**感情指数**（EQ：情動

図表2-10　認知能力と非認知能力

能力	(1) 非認知能力 (ヒューマン・スキル：EQ)[*1]		(2) 認知能力 (IQ)[*2]
	① 対自己能力	② 対人能力	―
内容	自己に関する能力	他者との関係に関する能力	知能 (知力・学力)
例	主体性・自尊心・自信・内発的動機付け・意欲・集中力・自己管理能力・自己効力感・自己肯定感・自制力・忍耐力など	共感性・協調性・思いやり・コミュニケーション力・公共性・規範意識など	言語能力・論理能力・数学的能力など

*1：「人間として生きる力」「人間力（ヒューマン・スキル）」「生きる力」など人生において成功し幸せな人生を送るために必要な「基礎的な能力」すなわち自己の統制力・目標達成力・協調性など数値で測ることができない能力です。

*2：人間として高度に発達した知的で「応用的な能力」（知能）であり、知力や学力などの数値で測ることができる能力です。なお、非認知能力と認知能力のバランスが大切です。また、認知能力が弱くなった状態が**認知症**です。

指数)[54] で表され、その内容は、㋐自分で自分の感情を認識し、自制心に基づきそれを上手くコントロールできる能力（「**メタ認知能力**[55]**・自制力**」）、㋑他者の感情を理解し、思いやり共感できる能力（「**共感力・共感性**」）、㋒他者との調和[56]や協調できる能力（「**協調力・協調性**」）などから構成されています。

54　この**感情指数・情動指数（EQ）**は**人間力（ヒューマンスキル）**とほぼ同様の内容です。なお、「人間とは何か」「人間はどのように生きるべきか」などに関する学問が人間学であり、人間の本質や人徳を養う学問です。これは EQ に関連します。他方、一般の知識は IQ に関連します。

55　「**メタ認知能力**」とは感情的な自分を別の理性的な自分が客観的に観察する能力のことです。

56　**調和（ハーモニィーやバランス）**には他者との調和の他に自分自身との調和や社会・自然との調和があります。真に成功し幸せに生きるためには、これらすべての調和が大切であり、調和感を持って生活することです。

これらは良好な人間関係を保てる人間的スキル（ヒューマンスキル：人間的能力）のことです。このうち⑦の自制力のある人は自己の感情をコントロールすることが容易にできます。この高いEQを身に付けた人は一般に魅力すなわち人心を**惹きつける**力があり、そこに同じ集団への帰属本能を持つ仲間が集まり、成功し楽しく幸せな人生を送ることができます。

　なお、和やおもてなしを重視するわが国の文化においては、EQは一般に高いといえます。

　人生において単に知的な能力（「**認知能力**」）である**知能指数(IQ)**[57] が高いだけでは、長期的に成功することはできません。むしろ成功し幸せに生きるためにはEQの方がより重要です。

　よくわかりました。成功し幸せな人生のためにはIQと共にEQが高いことが大切ですね。

　そのとおりです。それゆえ、IQの他に人間的資質であるEQを兼ね備え、相手の立場を理解し尊重し、相互依存的にそれぞれの専門的な能力を発揮する場合には、良好な人間関係が築け、シナジーを発揮でき成功し幸せになれます。

---

[57] 「IQ」（正確・適切に物事を処理し得る知的能力のこと）に対する用語がEQです。

(5) コミュニケーション

人間関係で最も重要な「コミュニケーション」を上手く行うコツを教えて下さい。

「**コミュニケーション**」とは話し合いによってお互いの意見や気持ちを通い合わせるものです。そのような円滑な**コミュニケーション方法**[58] には例えば、㋐笑顔[59] で話すこと、㋑相手の目を見て話すこと、㋒自分の意見を言い張るというよりも、相手の立場に立ち、相手の話をよく聞くこと[60]、そして「そうだよね、わかるよ！」と言ってうなずくこと、㋓鏡のように相手のしぐさをまね、話題の共通点を探し出し会話を弾ませること **(同調効果：ミラーリング効果)**、㋔単なる**言葉**だけではなく、声の大きさ・リズム・手や顔の表情やジェスチャーなどという**身振り・手振り** **(非言語コミュニケーションであるボディランゲージ)** を活用すること **(メラビアンの法則)**、㋕ **6S 褒言葉**[61] の使用、㋖親しさを込めた相手の**名前 (愛称)** の使用、㋗適度の自己開

---

[58] 文章による意思伝達もあり、この場合には一文一意が有用です。

[59] 笑顔で相手をしっかり見ながら話すということは、コミュニケーションにおける基本的なマナーです。笑顔は良い雰囲気や波動を生み出します。

[60] 相手の話をよく聞くことはその人に心を開きその人の存在を認め、その人を尊重していることを意味し、相手も自分の意見を聞いてもらい自己充実感などの満足感を得られます。

[61] 「6S 褒言葉」とは「最高！」「さ〜すが！」「好き！」「すご〜い！」「素敵！」「素晴らし〜い！」という相手を褒める言葉です。

示**62** などがあります。

　なお、相手の意見についてその内容が一部受け入れられない時は、**イエス・バット法**63 などの**クッション話法**64 を用いて「そうだよね！」と言って一旦相手の意見を受け入れ、その後で条件付けなどを行うことも有用です。そして、人間関係を上手く継続していくためには、お互いを尊重し、礼節**65** をわきまえることも大切です。

　　よくわかりました。これらの方法を活用したいと思います。

　　頑張って下さい。そして、日常的な口癖や習慣として**「楽しい」「嬉しい」「ありがたい」「ついてる」「愛しています」「許します」** などのように、明るく楽しい**ポジティブ言葉**を使うこと（「**ポジティブ言葉習慣**」）が円滑なコミュニケーションと幸せな人生を送るために有用です。

---

62 「**自己開示**」とは自己のことについて話すことです。
63 「**イエス・バット法**」（Yes-but method）とは Yes といって一旦相手のいうことを尊重し受け入れ相手の承認欲求を満たし、自己防衛本能を解除させた上で、その後で but といって見方を変え自己の主張をいう方法です。また、ネガティブな言葉を一旦受け入れ、直ぐに but でポジティブな言葉・考えに変える方法としても使用できます。
64 「**クッション話法**」とは一旦相手のいうことを受け入れ、その後に自己の考え方などをいう方法のことです。
65 「**礼節**」とは礼儀と節度のことです。

自他一如の法則

① **自他一如の法則**とは**自己とすべての他のものは相互に密接に繋がり影響し合い関連し合っており、全体として一体**（ワンネス）**の関係**にあるという法則です。

② 人間関係においては**ウイン・ウイン関係を築くこと**が理想形・完成形です。しかもこの状況の下では**シナジーが発揮され、パイが拡大し、お互いに豊かで繁栄**します。

③ ギブ・アンド・テイクではマッチャーやギバーになることが大切です。

④ 良好な人間関係を築き、シナジーを発揮し成功し幸せになるためには、IQ の他に人間的資質である EQ を兼ね備え、相手の立場を理解し尊重することが大切です。

⑤ 成功し幸せになるためには高いコミュニケーション能力が重要です。

（6）　幸運

 「幸運の引き寄せ法則」はありますか。

　人生において幸運やツキは非常に重要です。なお、幸運には例えば、㋐宝くじに当たるといった正に偶然のもの（**「偶然の運」**）と、㋑知人の紹介で重要な仕事が入り、それが自分を成長させ、社会的にも認められ、経済的報酬も得られるようになったというようなもの（**「縁起の運」**）があります。

ここでは前者の「全くの偶然での運」は取り扱いません。な
ぜならばそれは全くの偶然だからです。他方、後者の「縁起の
運」は成功し幸せな人生を送るために重要なものです。これは
**縁起の法の働きによって自分に幸運を引き寄せ、幸運を創りだ
すことが可能である**ので、ここで問題とします。

　なお「自分は運がいい」と思って生きるか否かによって、潜
在意識の観点からは予想（イメージ）されたものは必要なものだけを取り込
むという脳の**RAS**[66]という情報の振分（ふりわけ）機能に基づく**確証バイア
ス**[67]というメカニズムによって、脳がその予想や言葉を支持す
る証拠を集め、その夢や目標のための継続的な努力が加われば
それが実現していきます（**予言の自己実現**）[68]。

 それゆえ、「私は運がいい」と思い続けることが幸せな
人生を送るために大切なのですね。

　　　そのとおりです。人生における重要な幸運は多くの場合

66　「**RAS**（ラス）」（reticular activating system）とは（脳幹）網様体賦活系（もうようたいふかっけい）のことであり、既
　に存在する情報を必要なものと不要なものに分けるというフィルターの役割を果たし
　ます。すなわち、心を向けたものを脳が認識し、そうでないものは認識しません。こ
　の場合、必要・不要の分類基準は普段私たちが考えていること、欲しいこと、なりた
　いこと、課題、問題意識などです。そこで認知バイアスとしての確証バイアスが生じ
　ます。そして、このことは例えば、予測・思考したものが現実化するという予測の自
　己実現のように、自己の夢や目標達成に活用することができます。
67　「**確証バイアス**」は**認証バイアス**とも呼ばれ、**認知バイアス**（思い込みや思考の誤
　り）の１種です。
68　「**予言の自己実現**」は**プラセボ効果**（偽薬の投与にもかかわらず、症状の改善がみ
　られる効果のこと）と類似のものです。

人間関係からもたらされます。この場合、以下のように、㋐運気を上げ幸運を引き寄せ、活用する側の「自己という内側の課題」と、㋑幸運をもたらす「外部の課題」とに区別できます。

　言い換えれば、**運の本質は、㋐自己が足を運ぶか㋑他人が運んできてくれる**ので、自己の人生を大きく輝かせるために、幸運に出会うように足を運ぶことすなわちまず「自分から行動を起こすこと」です[69]。

①　自己の課題

　「**自己の課題**」（「**自己課題**」）に関しては図表 2–11 のように、周囲の人が幸運を運んできてくれるような自分になることです。この場合、幸運は自己の魅力によって引き寄せることができます。それゆえ、このためには**自己磨きをし、人間性や人格を高め、魅力的な人間になる**ことが大切です。

　このようにして自己の周りに多くの人が集まれば良い出会いが生じ、良い人間関係を築き上げていけば転機、進路の変更や幸運に恵まれる可能性が高くなります。

69　なお、良い友達を作るメリット（「良い友達の長所」）には例えば、良い縁や運を運んできてくれること、モチベーションが向上すること、幸せとなり効率性が向上すること、（夢や目標に向かって頑張っている友達を見て）自制心や我慢強くなることなどがあります。

図表2-11　幸運を引き寄せるための自己の課題

- 因果律や真我を自覚していること
- 死生観を確立し、夢・志や使命感を持つこと
- 自己肯定感・自信や自己効力感を持つこと
- ポジティブ思考・口癖・行動習慣を持ち、自分は運がいいと信じること
- 自分軸に基づきすべては上手くいくという（根拠のない）自信を持つこと
- 自分で意思決定を行い、自己責任を負うこと
- 常識や固定観念にとらわれず、改善思考や成長思考を持つこと
- メタ認知やマインドフルネスなどによって常に自己の感情を上手くコントロールできること
- 失敗を恐れずに自分の夢に向かって努力習慣に基づいて常に努力を重ねること
- 柔軟性があり柔軟にすべてを受け入れ現実に向き合うこと
- 自己がいつでもどこでも他人に対して心を開いていること
- いつも感謝習慣を発揮し、笑顔で明るくポジティブ思考でモチベーションを高く保つこと
- すべての経験をチャンス[70]と捉え、好奇心が強くいろいろなところに足を運び、新しい経験を積極的に体験し、柔軟に受容しようとすること
- 積極的に自己の果たすべき役割について優先順位をつけて情熱をもってこなし実力を出し切ること
- 自己中心的ではなく、他の人のことを思い、喜んでもらうことを常に考えるという人格の高い人となること
- イライラや緊張感がなく、いつもリラックスし穏やかで明るく笑顔でいるというように、内側から溢れ出す輝きや良い雰囲気や波動を身に付け、波動を高め、多くの人が近寄ってくる状況[71]を作り出すこと
- 目先の利害にとらわれずに、長期的な視点で物事を考えること
- 礼儀正しいこと
- 現在志向ではなく未来志向でいつもワクワクするような夢を見ていること
- マインドフルネスなどの習慣化によって常に直感を得やすい状態を作ること
- 意味のある偶然（の一致）（シンクロニシティ）、直感やアイデアを大切にし、直ぐに行動に移す（行動力のある）ことなど

70　**チャンスを捉える**ためには日頃から十分な準備をしておくことが大切です（日頃の**準備 → チャンス → 成功**）。

71　**自然に人が寄ってくる雰囲気**とは例えば、笑顔、楽しそう、親切、温かい、余裕がある、柔和、機嫌の良い、明るい、表情豊か、穏やか、和気などの温かく良い雰囲気の状況です。

図表2-12　幸運を引き寄せるための外部（人間関係）の課題

・普段から人格の高い人や成功者たちとできるだけ広く、深く付き合い良
　好な人間関係を築いておくこと
・自他一如を心掛け、相手の立場に立って考え尊重すること
・基本的に人を信じ信頼を寄せること
・相手の話を、関心を持って聞くこと（聞き上手になること）
・損得勘定で物事を考えるのではなく、他の人のことも思いやること
・明るい笑顔で人と接すること
・頼まれごとを余裕がある限り受け入れること**72**
・優しい慈愛の心や利他心をもって人に接すること
・相手に喜び、好感、快感や利を与えること
・常に積極的に感謝を伝えていること
・「無財の七施」をいつも心掛けること
・相手の自己重要感・自尊心などを高めること
・物事を誠意をもって行い、誠実で信頼性があり、正義を愛することや高
　い責任感を持っていることなど

②　外部（人間関係）の課題

　外部（人間関係）の課題に関しては図表 2 - 12 のように、寛容
な心、慈愛や利他の心を持ち**73**、常に周りの人たちに笑顔で感

72　他の人から「頼まれごと」がある場合には自分に余裕がある限り、それを快く受け入れること
です。これは相手がその依頼をどのように取り扱うのかを試していると考えられるからです。すな
わち、頼まれごとは試されごとであり、その結果それ以降においてどのような人間関係を築いて
いくかの試金石となっています。そして対人関係において頼まれごとが多くなればなるほど、一
般にギブ・アンド・テイクに基づく返報性の法則が働き、人間関係が良くなり運も上がってきま
す。なぜならば運は人が運んでくるものだからです。ただし、自分に「余裕がない時や犠牲に
なる場合」には自分のやるべきことを優先し、はっきり断った方がよいです。すなわち、相手の
頼まれごとでも、忙しい時などで全部受け入れられない時はイエス・バット法などを用いて一旦相手
の頼むことを受け入れ、その後で条件付けなどを行うことやその依頼を断ることも有用です。
73　他の人の幸せを普段から願うと自己の心が豊かになり、人格・人相が良くなります。
このためには会う人に対して「この人が幸せでありますように！」と皆の幸せを願う**慈
愛の瞑想**を心の中で行うことが有効です。

謝し、出会いの機会を増やし、他の人を思い、人に好かれ、良い評判やイメージを得、良い人間関係を築き転機や幸運を引き寄せることです。

　なお、運がいい人は普段からお金・仕事などについて「自分は運がいい」「ついている」と思っていること、すなわち「**ついてる意識・ついてる思考**」を持っており、それゆえ、ポジティブMSで挑戦的であり、自信や自己効力感[74]があり、多少の困難にもへこたれず、継続的に努力ができるという努力習慣を身に付けているので、成功し幸せになりやすいです。

　と同時に普段から日常的なことも含めて「ありがとう！」「ありがたい！」という「**感謝習慣**」を持っている人であり、他の人のことを思い、慈しみの言葉や行動をするという「**利他習慣**」や「**慈愛習慣**」を持っていることも少なくありません。

 よくわかりました。この「**ついてる！**」（「ついてる意識」）「**ありがとう！**」（「感謝習慣」）「**慈愛**」「**利他**」は強運や成功を呼び寄せ、幸せになるための言葉や習慣なのですね。

 そのとおりです。

---

[74] 「**自己効力感**」とは常にできる眼鏡(めがね)を掛け自分はきっとできると思うことであり、自分を信じている人つまり（根拠のない）自信やポジティブな信念のある人が持つ感情です。それゆえ、「私にはきっとできる」という自己効力感や「絶対に諦めない！」という信念があれば、やり抜く力が湧き、物事を達成する可能性が非常に高くなります。

幸運

① 幸運には全く偶然の幸運と縁起による幸運とがあり、後者を目指します。

② **自己の課題**に関しては周囲の人が幸運を運んできてくれるような魅力的な自分になることです。

③ **人間関係の課題**に関しては寛容な心、常に周りの人たちに笑顔で感謝し、出会いの機会を増やし、他の人を思い、人に好かれ幸運を引き寄せることです。

5　慈愛

①　慈愛の法則の意義

人生の法則において「慈愛の法則」とはどのようなものですか。

「慈愛の法則」とは自他一如を基礎とする**無条件で無差別[75] の他の人への思いやりの心である慈愛を、すべての思考や行動の動機とする場合には、この世界で最強のあらゆるものに**

---

75 慈愛は東洋・西洋思想の最重要な中心概念の１つです。ここでの「**慈愛**」とは損得を考えた限定・条件付きの愛や特定の人を愛するという偏頗な愛ではなく、すべてのものに対する無条件で無差別な広いものです。これは悟りの１つで、西洋的に言えばエロス（eros）ではなく、アガペー（agape）に相当する愛です。なお、愛の典型である母親の子供への愛は**絶対愛**であり、そこでは条件、他者との比較やネガティブな感情は働いていません。

対する**万能薬となるという法則です**。また、この**慈愛は幸せに
なるための黄金律**の１つです。

　ここで「**慈愛**」とは心の豊かさを現す最高の感情であり、東
洋的な慈悲と西洋的な愛[76] とを統合した考え方であり、相手に
何も要求しないし条件も付けない思いやりの心です。自己の内
面がいつも慈愛の状態で維持されているか否かによって、成功
し心が平安で幸せな人生を送れるか否かの分岐点になります。

　この慈悲の根底には縁によって生じ縁によって変化するとい
う**縁起の法**や**自他一如**の考え方が存在します。それゆえ、この
ような考え方を基礎として「**慈悲**」の基本は相手に関心を持ち
寄り添うこと、つまり愛する人や他の人などの苦難や悩みなど
に対して生じる慈（いつく）しみや悲（あわれ）むという感情であり、私たちに生ま
れながらに備わっている**抜苦与楽**（ばっく よらく）の感情です。これは究極のポ
ジティブ思考の１つです。

　抜苦与楽ですか……。

　そうです。すなわち、「**慈**（いつく）**しみ**」とは他者に対して楽を
与えること（与楽）[77] であり、「自分にしてもらいたいことを他の
人にしなさい」（人間関係の黄金律）ということです。「**悲**（あわれ）**み**」とは

76　西洋的な愛には好き嫌いという両極の感情が含まれますが、東洋的な慈悲にはその
　　ようなものは含まれません。
77　**与楽**の１例としては「自分の欲しいものを与える」ことがあります。

苦を取り除いてやること（抜苦）です。この慈悲という概念は
その対象として人間ばかりではなく、動植物などを含む広いも
のです。他方、「**愛**」は愛する人などに優しくしたり哀れんだ
りすることです。それゆえ、慈愛には慈しみ、哀れみ、優し
さ、思いやり、親切、尊重、承認、許容、受容などの多くの良
い側面があり、求めるのではなく与えるものです。

 よくわかりました。

 なお、この場合、**慈愛**の対象は一番身近なもの（自分自
身：**自愛**）から順次拡大していくことが大切です。

② 慈愛の効果

 他者への「慈愛の効果」について教えて下さい。

 他者への慈愛の効果には例えば、図表2-13のような
ものが挙げられます。すなわち、一言で表現すれば、**他者への
思いやりの心である慈愛をすべての考えや行動の起点とした場
合には、この世界に愛・喜び・癒し・平和を届ける最強の万能
薬となる**ということです。

 よくわかりました。

図表2-13　慈愛の効果

① （いつでもどこでも自主的・主体的・能動的な）愛する喜びが得られること
② 人間関係が上手くいき、友人などができやすいこと
③ 自尊心・自己肯定感・自己重要感が高まること
④ 心の平安が得られ、心地良く、気分が良くなり、幸せになれること
⑤ ポジティブで明るくなれること
⑥ 心身の健康に良く長生きできることなど

③　親切

　慈愛の現れである「親切」にはどのようなものがありますか。

　慈愛の最も一般的な表現は他の人に対する親切です。この**親切の種類**には多くのものがあり、その動機が他者への思いやりや好意であればすべて親切に当たります。具体例としては例えば、電車で席を譲ること、重い手荷物を運んであげることなどがあります。また、親切を受けた人はその親切について**親切返し・親切送りや恩返し・恩送り**という形で**親切サイクル**が回り、平和な社会になることが期待されます。

　よくわかりました。

コーヒーブレイク
無財の七施

　お金がなくても、自分の目や口などを少しだけ周りの人たちのために使うという心掛けが皆を喜ばせ、笑顔にし幸せにします！　例えば、わが国には「**無財の七施**」[78]という良い慣習があります（図表2-14）。これは心豊かな慈愛に基づく他の人を思う親切心から生じるものです。すべての人が幸せになるために、是非ご一緒に**一日一善**！

図表2-14　無財の七施

① 眼施（げんせ）	優しい眼差しで人に接すること
② 和顔（悦色）施（わがん（えつしょく）せ）	にこやかな顔で人に接すること
③ 言辞施（ごんじせ）	優しい言葉で人に接すること
④ 身施（しんせ）	自分の身体でできることを奉仕すること
⑤ 心施（しんせ）	他者のために心を配ること
⑥ 床座施（しょうざせ）	席や場所を譲ること
⑦ 房舎施（ぼうじゃせ）	自分の家を宿として提供すること

（出所）岩崎、133頁。（一部修正）

④　慈愛と恐怖

　関連質問で「慈愛と恐怖[79]の関係と影響」について教えて下さい。

　人間の感情の最も根本なものとして慈愛と恐怖（不安）

78　中村元［2005］『広説佛教語大辞典下巻』東京書籍 2005、1618 頁を参照。
79　恐れは逃避行動に関連する感情であり、ストレス反応の一種です。

の感情があります。どちらを思考や行動の動機としているかで結果に大きな差異が生じます。すなわち、慈愛をモチベーションとする思考や行動はこの世界で最も強力な万能薬や解毒剤となります。他方、恐怖や不安を動機とする思考や行動は、㋐それに理性的にリスクマネジメント的に対応する場合には、それなりの合理的な結果となりますが、㋑それに感情的に反応する場合には、心身の健康への影響を含めて一般にあまり好ましくない結果を導く可能性があります[80]。

 よくわかりました。それゆえ、慈愛をモチベーションとすることが大切なのですね。

 そのとおりです。

慈愛の法則

① **慈愛の法則**とは**慈愛をすべての思考や行動の動機とする場合には、この世界で最強のあらゆるものに対する万能薬となる**という法則です。
② **慈愛**の対象は一番身近なもの（自分自身：**自愛**）から順次拡大していくことが大切です。
③ 慈愛の最も一般的な表現は他の人に対する**親切**です。

---

[80] 例えば、ひどい場合には意欲の減退や病気になります。

6　感謝

(1)　感謝の法則の意義

（顔）　人生の法則において「感謝の法則」とはどのようなもの
ですか。

（顔）　**感謝は慈愛と並んで最も尊い人間的な感情**の 1 つであ
り、究極のポジティブ思考（積極思考）の 1 つです。ここで「**感
謝の法則**」とは感謝思考に基づきすべての事象に感謝[81] すれ
ば、それらとの間に調和が生まれ快感（幸せ）を覚え、心が快
適で安定しポジティブ思考となり、そのポジティブ思考に基づ
き健康的でポジティブに考え行動するというポジティブ習慣で
生活すれば、夢を叶え幸せになれるという法則です。

　このような意味で感謝する時には幸せを感じ、ポジティブな
エネルギーが増加すると共にすべてを受け入れる包容力が増加
するという内面に変化が起こり、ポジティブなものに意識を向
け、思考やエネルギーさらに行動をポジティブなものへ転換す
ることができるので、努力や他者に対する親切などが自然とで
き、成功や幸せへの王道となります。すなわち、感謝を起点と

---

[81]　知覚現象として現在感謝している状態では快感を覚え、安心し気分の良い状態で
す。なお、**感謝・感激・感動**は 3 つ合わせて **3 感**と呼ばれます。

して「**幸せ成功サイクル**」を回すことができます。

 よくわかりました。すなわち、**良いこと・恵まれていること → 感謝**（幸せ）**→ ポジティブな思考と行動 → 努力や親切 → 成功・幸せ**ということですね。

 そのとおりです。これは他者からの行為などに対して**「ありがとう！」ということが口癖**となっている**感謝習慣**を身に付けると、図表2-15のように、**幸せ習慣**を身に付けたことにもなり、心が平安で心地よい状態になり、より健康的で幸せになり、それが積極的な思考と行動を生み、また感謝の元となった人の好意・お陰や恩に報いるためより積極的に思考し親切行動するので、より成功し幸せになりやすくなる（拡張形成理論）ということです[82]。

図表2-15　感謝と成功・幸せ

①感謝の成功への エネルギー	心地よく積極的な思考と行動 恩に報いるための積極的な思考と行動	成功 幸せ
②他者への感謝	他者の親切な言葉や行為の引き寄せ	

 よくわかりました。

82　なお、他者に感謝すると他者との調和が成り立ち、他者の自己肯定感や自己満足感を満たし、それゆえ、そのような感謝されるようなことをもう一度行おうとするので、感謝されるような行為を他者から引き寄せることにもなります。

（2）　感謝の種類

　「感謝の種類」にはどのようなものがありますか。

　感謝は不平不満[83] の反対概念であり、これには、㋐良いことをしてもらった時の恩に対して自然に相手に「ありがとう！」と感謝するという**不完全感謝（ありがとう感謝）**と、㋑例えば、新型コロナ禍やウクライナ戦争を見ればよく分かるように、足ることを知り、日常的でごくありふれた普通のことや今あるもの、すなわち私たちを取り巻くすべての人・動植物・社会・自然や物事（健康・お金・仕事など）などの「日常的なものが普通にあること」「当たり前と思われること」についても、もし縁起の法によってこれらの人やものが存在しなければ、今の自分は存在しえないこと、すなわち自己を取り巻く多くの他力によって自己が生かされているという恩に対しても本当に「ありがたい！」[84] と感謝をする**完全感謝（ありがとう・ありがたい感謝）**があります。実際人間として生きているだけで感謝です。

　完全感謝と不完全感謝ですか。

　そのとおりです。さらに、この完全感謝は、㋐日常的なことへの感謝の他に、㋑現在は苦境で逃げ出したいような状況

83　不平不満という問題点に焦点を当てるよりも、その解決策に焦点を当てて努力をする方がより良い結果を導きます。
84　「……のお陰で」と表現できます。

で、それを克服した場合には自分が一回り大きく成長できありがたい（「将来のありがたいこと」）ことにも感謝できるか（**「感謝3段階説」** 図表2-16）が問われています。

図表2-16　感謝3段階説

② 完全感謝	第3段階	↑	現在の苦境で将来のありがたいこと	感謝
	第2段階		日常的なことや当たり前のこと	
① 不完全感謝	第1段階		良いこと（をしてもらった時）	

　すなわち、TPOを問わず感謝を起点として明るく幸せな**幸せ成功サイクル**を回すために、常に現在ある状態に感謝（**「現在感謝」**）できるという**完全感謝は幸せになるための黄金律**です。

　そして、「自己を取り巻くすべてのもの」が自分の成長に役に立っているものなので、「ある」ものの方に目を向け、**感謝感度を上げる**と同時に**感謝分岐点を下げ**て、現在の日常的なものも含めてすべてのものに対して感謝の心を持ち、それを習慣とする**感謝習慣**を身に付けていくことが大切です。

　その理由は感謝習慣が自分の生き方になると、心の平安が得られ、明るくポジティブ思考となり、健康的で穏やかな**幸せ習慣**を身に付けたことになり、それが積極的な思考や行動を生み、より成功しやすくなれるからです（**拡張形成理論**や**幸せ成功サ**

イクル)。このように、感謝習慣を身に付ければ「常に現在に感謝し、未来の夢を追って」自分で自分の運命を切り拓き幸せに生きることができます。

 よくわかりました。拡張形成理論をよく理解できました。

（3）　感謝の対象

関連質問で「感謝の対象」にはどのようなものがありますか。

周知のように、「感謝の対象」には、㋐一般的な他者や出来事に対する**外的な感謝**（他者への感謝：他者感謝）と、㋑自分自身に対する感謝という**内的な感謝**（自己への感謝：自己感謝）があります。そして、前者の㋐他者への感謝は感謝された人の自己重要感を高め喜ばれます。その結果両者の間の結びつきが強くなり、人間関係が上手くいきます。また、他者からの好意・助力・応援などのお陰に恩返ししようとすれば利他的になり、それだけ人間の器が大きく、人格がより向上します。

他方、後者の㋑自己への感謝は自愛へ繋がり、いつも上機嫌でいられ、モチベーションが維持されます。このような自愛は自分の心を良好な状態に保ち、これを起点として**幸せ成功サイクル**を回すことに非常に有用です。

よくわかりました。自己感謝によって幸せ成功サイクルを回したいと思います。

 頑張って下さい。

POINT

感謝の法則

① **感謝の法則**とは**感謝思考**に基づきすべての事象に感謝すればそれらとの間に調和が生まれ快感を覚え、心が快適で安定しポジティブ思考となり、そのポジティブ思考に基づきポジティブに考え行動すれば夢を叶え幸せになれるという法則です。

② 「**良いこと・恵まれていること → 感謝 → ポジティブな思考と行動 → 努力や親切 → 成功・幸せ → ……**」という**幸せ成功サイクル**を回すことが大切です。

③ 感謝には完全感謝と不完全感謝があり、完全感謝を目指したいものです。

④ 感謝には自己（への）感謝と他者（への）感謝があり、両者をバランス良く感謝したいものです。

---

7 本心良心

(1) 本心良心の法則の意義

 人生における「本心良心の法則」とはどのようなものでしょうか。

 「**本心良心の法則**」とは人生において判断や行動を行う

場合に本心良心に従って行えば正しい判断や行動が行えるという法則です。この場合には後で良心の呵責（かしゃく）が絶対にないので、常に心の平安が維持でき、幸せな人生を送ることができます。

　なお、ここで「正しい」とは**社会全体にとって平和・幸せ・繁栄（PHP）を維持促進すること**であり、「誤った」とはこれらを減退させることです。

　この法則と正誤の内容がよくわかりました。

（2）　迷った時の判断基準

　判断に迷った時にはどのような「判断基準」に基づけばよいでしょうか。

　あらゆる場面で判断に迷った時には本心良心に基づいて判断を行えば正しい判断[85]が行えます（図表2-17）。

図表2-17　感情・理性と本心良心の関係

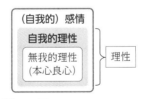

（出所）岩崎、155頁。

85　良い方向に導く時だけ方便が認められます。

その理由は以下のとおりです。

㋐**感情**：判断基準としてまず「感情」に基づく判断が考えられます。もし感情に基づいて判断する場合には、一般に自己の利害を優先した判断となるので、社会的に見て正しい判断とならない可能性があります。

㋑**自我的理性**：そこで感情ではなく、「理性」に従えば良いのではないかと考えますが、この理性には自己の利害を考慮した「自我的理性」と自己の利害を考慮しない「無我的理性」があります。一般に交渉事や外交などでは自我的理性が使用されます。しかし、この自我的理性は自己の利害を優先するので社会全体としては正しい判断とならない可能性があります。

㋒**無我的理性**：そこで社会的に正しい判断を行うためには「無我的理性」（本心良心）に従って行うことが大切です。これに従えば良心の呵責もなく、心の平安が常に保たれます。

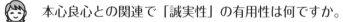 よくわかりました。

（3）　誠実性

本心良心との関連で「誠実性」の有用性は何ですか。

誠実性は人間としての最強の能力（才能）の１つであり、物事に誠実に取り組む姿勢であり、信頼性や魅力と共に私たち

が繁栄するための基礎となるものです。このような性質を持つ人には心の平安が得られ、良い人間関係が築け、成功し幸せになれます。

　このような誠実性の対象には、㋐他者への誠実性と㋑自己への誠実性があります。**他者への誠実性**で一番重要なものが誠意を持って物事を行い、約束を守ることであり、社会貢献の基礎となります。これは社会でもビジネスでも最も基本的なもので信用、信頼や人望を得るための最も基本となるものです。

　他方、**自己への誠実性**は自己が掲げた夢など自分との約束を誠実に達成していくことです。

　よくわかりました。誠実性は成功し幸せな人生を送る上で非常に大切な性質なのですね。

　そのとおりです。

POINT

本心良心の法則

① **本心良心の法則**とは人生において判断や行動を行う場合に本心良心に従って行えば正しい判断や行動が行えるという法則です。
② 誠実性は物事に誠実に取り組む姿勢であり、信頼性と共に私たちが繁栄する基礎となるものです。このような性質を持つ人には心の平安が得られ、良い人間関係が築け成功し幸せになれます。

8 積極性

(1) 積極性の法則の意義

😊 「積極性の法則」とはどのようなものでしょうか。

😎 ここで「積極性の法則」とはＴＰＯ（時・場所・状況）を問わずいかなる時でも**ポジティブな心**で心身の状態を常に明るく前向きで積極的な態度で生き続ければ健康で成功し幸せになれるという法則です。ここでの「積極性」は「通常の積極性」と次の２点で全く異なります。

㋐明るく健康で幸せな人生を送るために

どのようなことがあっても、心構えとして日常的に**いつも恐れ・不安・悲しみ・怒り[86]・憤りなどのネガティブな感情[87]を持**

---

86 怒りは自己の期待が叶えられなかったことに対する不満やプライドを持つ自己への侮辱に対する攻撃行動に関連する感情で、合理的な判断や善悪の判断を行う理性を一時的に失わせ、論理的な思考力を低下させます。

87 ネガティブ感情は不幸せなものであり、身体のエネルギーの流れを滞らせたり乱れさせたりします。これらの「**苦しみ・悩みやストレスというネガティブな感情の背景**」には**自己のニーズが満たされていない**（「**欲求不満**」）ないし「**期待外れ**」であった）という「**不足の状態**」（期待→期待外れ→欲求不満→苦しみ・悩み・怒り）があります。この場合、これらはプライド（自尊心）から発生します。そして、この**心身の不足感**が苦や悩みというストレス性の緊張を伴うネガティブな感情を生み出すと同時に、多くの心身の機能不全を生み出します。そこで、㋐それを**獲得**するか、㋑それを**諦める**か、または㋒それを**メタ認知的に無視や評価せずにありのまま受動的に受け入れ、それと一体化し、変更・抵抗・拒否しようとせずに理解**すると同時にそれを**受け流す**ことによって、ストレスや緊張を伴うネガティブ感情である苦を解放します。こ

たず、**TPO を問わず常にポジティブな心**（ポジティブ・マインドセット：**PMS**）**ないし積極的心構え**（ポジティブ・メンタル・アティチュード：**PMA**）**でいること**です。なぜならば、苦しくネガティブな感情は思考のバランスを失い、正常な内分泌やエネルギーの流れやバランスを乱し、力が湧かず、肉体的・精神的なストレスや病気を引き起こす原因となるからです。

　しかもネガティブな感情は幸せな状態ではありません。このTPO を問わず常に PMS ないし PMA の状態でいることは健康で成功し幸せな人生を送るためには必須です。

　それゆえ、**ネガティブで苦しい感情を瞬間停電として処理し、長引かせ悪化させないこと**が大切です。すなわち、明るく健康に過ごすために、**ネガティブな感情を積極的な感情へ置き換え**（リフレーミング：積転法）、**PMS ないし PMA を常に維持すること**が大切です。それにより身体や脳の機能を活性化させ、前向きでポジティブな態度や行動をもたらします。この**リフレーミングは成功し幸せになるための黄金律**の１つです。

の場合、㋐コントロール可能事項とコントロール不能事項の考え方や㋑課題分離の考え方が有効です。なお、このようなネガティブな感情の下では**闘争 - 逃走反応**という恐れを伴った自己防衛の状態が生じます。消極的になると物事への好奇心が欠けチャレンジ精神も湧かなくなり、物事を行わない行動の回避がなされます。ネガティブな考えをしている時は何もしていない暇な時が少なくありません。それゆえ、そのようなネガティブな考えを作らないためには、暇な状況を作らないこと、例えば、読書、仕事、趣味に取り組むことなどが有効です。

日常において常にこの**リフレーミングができるか否かが成功し幸せになれるかどうかの最重要な秘密の鍵**です。このようなPMSの状況では心が快ないし幸せであり、オープンとなりより創造的な思考や行動を促進し、物事をよりポジティブに捉え挑戦的になり、逆境力を高め、その結果夢を叶え幸せになりやすくなります（**拡張形成理論**ないし**幸せ成功サイクル**）。

⑦成功し幸せな人生を送るために

　心と共に身体についても常に積極的な状況すなわち**規則的に運動を行うこと**です。それゆえ**日常生活においてこまめに身体を動かすと共に定期的に運動し、活動量を維持すること**です。

　このように心身共に健康で積極的である場合にはより成功し幸せにもなりやすくなります。

　　通常の積極性とは上記2点で異なるということを理解しました。

　　その上で「常にポジティブMSで積極的な生活状態を維持すること」が幸せな人生を送るために大切です。

（2）　積極的になる方法

　　「積極的になる方法」にはどのようなものがありますか。

周知のように「明かりを灯せば闇は消える」ように、私たちの心は同時に２つのことを考えることはできません。それゆえ、苦しい時などのネガティブな思考ループに陥っている時に**ネガティブからポジティブな考え、言葉、気持ちや行動へ切り替える「リフレーミング」**（積転法）**が大切です。**

これは脳が楽しいことを続けようとするからです。このためにはただ単にポジティブ思考であることと同時に、ポジティブな言葉、表情や動作で表現することも大切です。このような**ポジティブな心へのリフレーミング法**としては例えば、瞑想・ヨガ・座禅、ルーティン法、反論法、書出し法、セルフトーク法、単語法、感謝法、笑顔法、ボディー・サイン法[88]、散歩、運動、音楽、コーヒーブレイク法、スナック法、期待しない法、ポジティブな人と一緒にいることなどの方法があります[89]。

ポジティブ思考習慣を取れば思考行動パターンがより拡

---

[88] **「ボディー・サイン法」**や**「ルーティン法」**とは心身一如（いちにょ）の観点から身体の動きから心をコントロールする方法です。すなわち、動作・表情・言葉で心をコントロールする方法、言い換えればまず身体をポジティブにし、それに連れて心をポジティブにする方法です。ピンチや失敗した時などにおいてルーティンを用いて心を整え、負の感情をリセットし、ポジティブな気持ちになってその状況を切り抜けます。すなわち、ピンチに陥った時に例えば、ガッツポーズや手のひらを握り親指を立てるポーズ（）のように、身体を用いて一定のポーズをとる方法によって負の感情をリセットし、心をポジティブなものへ切り替え、その状況を切り抜けます。

[89] この場合例えば、リフレーミングやセルフトークなどのように「気持ち」を変えようとすることも有用ですが、例えば、ルーティン法や散歩のように「行動」を変える方がより容易に感情を切り替えることができます。

張されより挑戦的になり、より成功し幸せな状況を形成するという**拡張形成理論**からも同様なことが言えますね。

 そのとおりです。

(3) ポジティブ言葉の習慣化とその長所

 「ポジティブ言葉の習慣化と幸せの関係」はどのようなものですか。

 幸せでポジティブな生活するためには、日常的に「ついてる」「有難う」「感謝」「許します」「嬉しい」「楽しい」「面白い」「ワクワクする」などのポジティブ言葉を習慣的に使用するという**ポジティブ言葉習慣**が大切です。

 よくわかりました。また、「ポジティブ思考の長所」にはどのようなものがありますか。

 ポジティブ思考（積極思考）で考え行動すれば、図表2-18のような長所が得られます。

図表2-18　ポジティブ思考の長所

・明るく楽しくストレスが軽減され、人生が充実してくること
・健康になり、寿命が延びること
・幸せで成功しやすいこと（**拡張形成理論**や**幸せ成功サイクル**）
・良い人間関係が築きやすいこと
・裕福（お金持ち）になりやすいことなど

> **POINT**
> ## 積極性の法則
>
> ① **積極性の法則**とは TPO を問わずいかなる時でも**ポジティブな心**（PMS）で心身の状態を常に明るく前向きで積極的な態度で生き続ければ成功し幸せになれるという法則です。
> ② **明るく幸せな人生を送るために、どのようなことがあっても、いつも恐れ・不安・悲しみ・憤りなどのネガティブな感情を持たず、常にポジティブな心でいること**です。
> ③ **成功し幸せな人生を送るために、心ばかりではなく身体についても常に規則的に運動を行うこと**です。
> ④ ネガティブな思考に陥っている時に、**ネガティブからポジティブな考え、言葉、気持ちや行動へ切り替えるリフレーミング（積転法）**が大切です。
> ⑤ ポジティブ思考やポジティブ習慣が大切です。

9　潜在意識

(1)　潜在意識の法則の意義と内容

 「潜在意識の法則」とはどのようなものでしょうか。

 「潜在意識の法則」とは正しく潜在意識を活用すれば心に思い描いたとおりに夢や目標が実現するという法則です。

 わかりました。それでは目標を達成するために、具体的に「潜在意識をどのように活用」すればいいのですか。

周知のように意識の表層深層には、㋐私たちが普段起きている時に意識している**顕在意識**と、㋑普段認識できないが24時間休みなく働いている意識の奥の部分に存在する深層心理的な**潜在意識**[90] があります。前者の顕在意識は外界を認識し、論理的に思考し、判断し、選択する心（「**思考・選択意識**」）であるのに対して、後者の潜在意識は主に肉体的な生命活動などに関連する意識（**肉体的生命活動**[91]**や潜在能力などに関連する意識**）であり、顕在意識のような思考・判断・選択を行わず、また現実と非現実（想像）の区別がつきにくく、顕在意識で選択されたことをそのまま受け入れ、実現しようとするものです。

この場合、顕在意識と潜在意識はよく氷山に喩えられ、顕在意識は海上へ姿を見せている氷山のように、ほんの一部の意識であり、ほとんどの思考が潜在意識でなされていることが知られています。この潜在意識は過去の膨大な記憶を保管してお

90　潜在意識は東洋思想ではさらに**末那識**（自我意識のこと）と**阿頼耶識**（最も根底にある潜在意識のこと）に分類されます。なお、**潜在意識は善悪などの論理的な思考に関する機能を有せず、単に顕在意識の思考に忠実に反応します**。そして、潜在意識は一般に言葉ではなくイメージで顕在意識と交信するので、主語・否定形・時制などを判別できないといわれています。**潜在意識の活用法**としては自己暗示法（アファメーションや単語法など）とイメージ法などがあります。そして、潜在意識の中には一般に自己の本当の気持ち（**本音：インナーチャイルド［内なる子供の意識］**）が存在しているとされます。それを無視せずに、メタ認知によってそれをありのままに受け流してやることが大切です。

91　ネガティブな感情による妨害がない限り、潜在意識は自然治癒力や自然回復力のように常に良い方向へ働きます。

り、私たちの考えや行動に大きな影響を及ぼします。そこで**顕在意識と潜在意識を一致**させ、この潜在意識とそこでコントロールされている**潜在能力[92]を上手く活用し、夢を達成したい**ものです。この潜在意識は自己の**信念**などに従って働きます。

　すなわち、自己の**思考と感情を一致**させ、**ワクワクした気持ち**と自己効力感[93]を持って**具体的で明確[94]ななりたい自己の姿についてのリアルなイメージを持つと同時にそれを実現するという強い決意とそれができるという信念**が大切です。

　　よくわかりました。ここで大切なのは、㋐明確な目標を持ち、㋑ワクワクする気持ちで思考と感情を一致させ、㋒絶対にそれが実現するという強い決意と信念を持って潜在意識がそれを実現するために全力で動き出すように誘導することですね。

　　そのとおりです。この場合、夢の目標への展開のために図表2-19のように、㋐好奇心や夢見る心により描き出された未来の**夢や志**はやる気の源泉であり、その達成のために、㋑

92　潜在能力として例えば、無限の知識・アイデア・力・自然治癒力などがあります。
93　**自己効力感を高める方法**には例えば、読書や研修によって自己の能力を高めること、成功体験（を重ねること）、間接体験（他者の成功例を読み・聞き・見て学び、感動していること）、イメージ体験（自己の成功をイメージすること）、自信を持つことなどがあります。
94　できる限り具体的で詳細な目標、時期、数値、なりたい姿、状況などを明確で具体的にイメージすることが大切です。

図表2-19　夢・目的・目標の関係

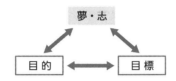

脳を快の状況にするワクワクして何のためにそれを行うのかという理由を示す**目的**と、㋑その明確で具体的な数値による**目標**の設定が必須です。

　自分の意志を明確化したものとしての目標の設定は土の中に種を蒔くことと同様に、因果律に基づきやがて芽が出て、花を咲かせ、収穫できるようになります。

　それゆえ、心から達成したいと思うワクワクした夢、目的と明確な目標を設定し、その目標の達成を決意します。例えば、憧れの**夢**は弁護士になること、その**目的**は弁護士として社会正義に貢献するために尽くすことであり、このための**目標**として司法試験に合格することないしそのために毎日8時間勉強し、3年後には必ず資格を得ることなどです。

　そして**夢や志は必ず実現できる**と決意し、明るく前向きでポジティブな**強い絶対的な信念を持ち続け**（**実現可能という思考習慣**）、ルンルンしながら楽しく努力を継続することが大切です。

　😊　よくわかりました。夢を目的と目標に具体的に展開するのですね。

　😎　そのとおりです。この場合、ロールモデルとしての憧れの人がいれば**モデリング**を活用することも有効です。

　また「**ワクワクして**」というポジティブな感情を伴っていることが大切です。その理由は、この**ワクワクしている感情と思考が合わさって信念となり、この状態が最も潜在意識に夢や目標を刻みやすい状況であり、また目標に向かって一心不乱に努力してもその努力が全く苦にならず、集中してそれに完全に取り組めるから**です。

　以上のように、潜在意識は顕在意識を活用することによって働かせます。この**潜在意識活用法**として例えば、イメージ法、アファメーション法、貼紙法、単語法、セルフトーク法、信念法、瞑想・祈り・ヨガ・座禅法などの方法があります。

　すなわち、図表2-20のように、**顕在意識によって日常的に繰り返し思い続ける明確でリアルなイメージや意識[95]（心の習慣）が潜在意識に刻み込まれ、潜在意識がそれを現実化させる**ということです。

---

[95]　意識の中に確固として維持されているイメージは実現すると言われています。**夢や目標の達成をもたらすのは単なる思考ではなく、情熱的なイメージや感情とそれに基づく継続的な努力です。**

図表2-20　潜在意識活用法

顕在意識[1]		活　用　法	備　　　考
	思い・イメージ・言葉・行為	貼紙法、セルフトーク法、単語法、瞑想・祈り・座禅法など	繰り返し、信念[2]、感情・期待（ワクワクした右脳で描かれたイメージ）、マインドセットなど
潜在意識[3]		【実現】幸せ、平安、健康、富、肩書（昇進）、名誉、夢・目標・志、成功など	

[1]：言葉などを使って交信します。
[2]：夢や目標についての思考・言葉・行動の背後にある**信念**、**ワクワクした強い感情や期待**及び**繰り返し**が多いほど、その力は大きくなり、夢や目標の実現可能性はより高くなります。
[3]：イメージ（映像）や感覚**96**を使って交信します。すべては基本的に良いことないし正常に働くために活動しています。

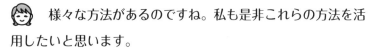 　様々な方法があるのですね。私も是非これらの方法を活用したいと思います。

　是非ご活用下さい。なお、顕在意識と潜在意識とを一致させ、潜在意識に刻み込むために、**顕在意識によって潜在意識を活用する時点**は大きく、㋐日常生活において、例えば、貼紙法やセルフトークなどによって、常にそのことを繰り返し考えることと、㋑眠る直前や起床時に、例えば、単語法などによって、そのことを考えたりすることです。

　特に、寝る直前の身も心もすっかりリラックスし、半覚醒的

96　感覚には目・鼻・舌・耳や皮膚という五官を通して感じる視覚・臭覚・味覚・聴覚・触覚という**五感**の他に、潜在意識から発せられる第六感と言われる**直感**や**霊感**があります。

で脳にアルファー波[97]が出ている状態において顕在意識はそのまま潜在意識に刻み込まれ、引き渡されると一般にいわれており、重要な時間です。なお、顕在意識による潜在意識への引き渡しは一般に図表2-21のとおりです。

図表2-21　顕在意識による潜在意識への引き渡し

- 効果があると前向きに**信じて**行うこと
- **好きなことやワクワクすることなど強い感情を伴うもの**は受け入れやすく、迷っていることは受け入れづらいこと
- **常に繰り返し考えていることや信念**になっていることは受け入れやすいこと
- **習慣やルーティン**となっていることは受け入れやすいこと
- **思考と感情の一致**がある場合に潜在意識に刻まれやすいこと。他方、両者が不一致の場合には潜在意識へ上手く刻み込まれないこと
- **顕在意識と潜在意識の一致**がある場合に夢や目標は達成しやすいこと。他方、両者が不一致の場合には無意識の自己限定がかかっている場合があること
- 2つの考え方のうち**強い方**ないし**本音**の考え方を受け入れること
- 順序がある場合には**最後のもの**を受け入れること
- 昼間よりも**寝る直前や朝の起床時の心身が非常にリラックスした状態で行ったもの**をより容易に受け入れることなど

 よくわかりました。

（2）　潜在意識の活用と夢の実現

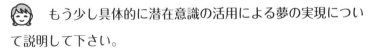 もう少し具体的に潜在意識の活用による夢の実現について説明して下さい。

97　集中力や閃きなどの脳波です。

わかりました。それではより具体的に潜在意識の活用による夢の実現（「**願望実現法**」）について説明しましょう。夢を実現し成功するためには、図表2–22のように、明確な夢、潜在意識、信念、上への努力、やり抜く力や逆境力などが必要です[98]。

図表2-22　潜在意識の活用と夢の実現

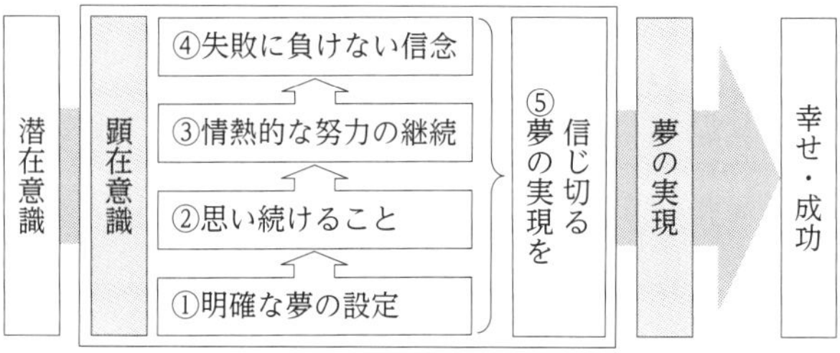

（出所）岩崎、175頁

①　明確な夢の設定

「潜在意識の活用による夢の実現」のためには、まずどのようなことが大切ですか。

そのためにはまず**明確な夢の設定**が必要です。思考は実現します。例えば、テレビ、コンピュータ、テレビ電話やインターネットなどのように、現在のすべての発明は想像力と創造

---

[98]　なお、本文中の説明は著者の職業の基礎となった大学院受験や公認会計士受験などの経験などを基礎としています。

力によって実現されたものです。それゆえ、自分の夢や目標を達成するために潜在意識を活用しようとする場合には、まず好きなこと・やりたいこと・得意なことなど**叶えたいワクワクする明確な夢を設定し、それが既に達成された時の具体的で明確でリアルなイメージ（想像）をし、それを実現するという強い決意とそれが実現できるという絶対的な信念を持ち、それを実感すること**が大切です。

　このような意味で想像力は創造力でもあり、その際に**夢の視覚化**（ビジュアライゼーション[99]）を徹底的に行い、その想像の中でそれが実現したものとして体験し、できる限り詳細でリアルに感じることが非常に重要です。

　この場合、目標は一般に数値や期日が明確で検証可能でなければなりません。この際、潜在意識は夢を実現するためのアイデア、着想のヒントを閃きなどの形で示してくれます。

 まず明確な夢の設定が大切なのですね。

99　「ビジュアライゼーション」とは心の中で一定のイメージとして思い描き、視覚化・**映像化**することです。この際重要なのは、㋐可能な限り詳細にイメージすることと㋑繰り返しイメージすることです。この練習が**イメージエクササイズ**です。この有効性は**サイコ・サイバネティクス**理論で言われています。この**視覚化の長所**としては夢や目標がより明確となり、かつそのようになりたいという感情がより強くなります。なお、明確でない目標は心理的な盲点（**ストコーマ**）に隠れてしまい、潜在意識に刻印されづらく実現しづらくなります。私たちは心の中で**映像化・想像化したものを現象化し、現実界で物質化**することができます。

② 思い続けること

😊 「明確な夢の設定」の後に何が必要ですか。

😐 次に、その夢や目標を、**肯定的な自己宣言（アファメーション）、単語法、貼紙法やセルフトーク法などの自己暗示**を活用してワクワク感（「**考え＋感情＝念**」）を持って日夜絶対的な信念となるまで顕在意識で思い続け、**思考の習慣化を行い、心の底から湧き上がる強い意志で心に繰り返し具体的でリアルなイメージを深く刻むこと**です。この繰り返し**思い続ける力**が潜在意識もそのように働かせ現実化します（「**考え＋感情＝念→継続的に固く信じる：信念→潜在意識→（努力）→現実化**」）。

　すなわち、ポジティブな思考とポジティブな感情が一体化した状態で繰り返し考え続けることで、**願望実現法**として因果律に基づく潜在意識が活用できます。

😊 よくわかりました。「顕在意識：**言葉：目標［因］→明確なイメージ→ワクワク感とエネルギー（思い続ける力）→潜在意識［縁］→（努力［縁］）→実体化：実現［果］**」ということですね。

😐 そのとおりです。このように夢や目標の実現を信じ、サブリミナル意識である潜在意識にそれを刻み込むことによって、行動に影響を与える効果を**サブリミナル効果**といいます。

　すなわち、潜在意識は顕在意識の状況を反映するので、潜在意識を活用する前段階として明確な目的意識をもち、顕在意識をフル活用します。また、心に思い、「私にはこの夢が実現できる！」と言葉[100]にされた夢や目標は、確証バイアスというメカニズムによって脳がその言葉を支持する証拠を集め、それが実現（「**予言の自己実現**」）します。

　この際、反対にネガティブ思考がしばしば生じることがありますが、そちらに気が引かれると**潜在意識は本音の（ネガティブな）方を実現してしまいます**ので注意が必要です。

　予言の自己実現ですか。すなわち、私たちはポジティブでもネガティブでも自分が思い話し、それを実現しながら人生を送っているということですね。

　そのとおりです。

③　上への努力の継続

　そして、夢を叶えるためには、㋐目標達成のためにやるべきことを具体化することと、㋑その障害となるものを明確化することが必要であり、このためには**逆算思考**が有益です。こ

---

[100] 「できる」「大丈夫」という言葉は**最強の肯定語**で、反対に「できない」「無理」「もう駄目だ」は**最強の否定語**です。

の逆算思考に基づいて具体的な理想的な未来をイメージし大きな目標を設定し、その達成に向けて努力をします。「千里の道も一歩から」です。この場合、多くの人は貼紙法を活用して夢や目標を達成しようとします。この貼紙法は自分がその夢や目標を見える化したもので、それが潜在意識にもしっかり刻み込まれます。

　この際、**努力・行動**には改善思考と成長思考に基づき常に改善を加えながら自己の進化向上を目指すことが大切です。この場合、夢や目標を達成するためには、図表2-23のように、ビジネスにおいてよく用いられている**PDCAサイクル**（**「計画 → 実行 → 評価：振り返り → 改善」**）を回し、それを習慣化（**PDCAサイクルの習慣化**）することが大切です。

図表2-23　PDCAサイクル

 PDCAサイクルを回すことが大切なのですね。

 そうです。そしてこの場合**「計画設定のための3視点」**

を活用します。まず、㋐**鳥の目**で大局的に設定した将来の理想的姿であるビジョンプラン（ビジョン計画：理想自己）を基礎として、また、㋑**魚の目**で現状の前提条件をよく検討したうえで、明るい将来に期待した理想の自分の姿（理想自己）と現在のそれとを比較してその差異やギャップを明確化し、現在の自分を出発点としてどのように明るい将来に期待した自分の姿を達成していくのかという㋒**虫の目**で具体的で段階的な**行動計画**を設定します。また、大きな目標であるビジョンプランを達成するために詳細なアクションプラン（行動計画：小さな目標）を設定する場合、**思考地図（マインドマップ）**[101] を作成し活用することが有用です。このように、目標には結果として達成されるべき大きな目標（**達成目標**）と、達成目標を達成するために具体的な行動すべき小さな目標（**行動目標**）とがあります。

　例えば、３か月後までに３キロ痩せるという「結果目標」を達成するために、毎日 20 分ジョギングをするという「行動目標」を実行するというようなものです。

---

101 「**思考地図**」（**マインドマップ**）とは**アイデアマップ**とも呼ばれ、心の中で考えていることを整理し視覚的に書き出したもの（「**思考の視覚化**ないし**思考の見える化**」）です。これは中心となる主題から放射線状に関連する必要項目（アイデアなど）を分岐させ、枝（ブランチ）を追加していくものです。ここでは目標達成のために例えば、スケジュール管理、必要な情報、必要な資金、必要な手順などの詳細を決めていきます。

よくわかりました。ビジョンプランや行動計画（アクションプラン）を設定するのですね。

そのとおりです。この場合、**目標の細分化**が大切であり、**達成可能な細分化された小さな目標（ベビーステップ）を設定**し、小さな成功を重ねて成功脳[102]（**努力成功サイクル→成功脳の育成→学習性自己効力感**）が形成され、ドーパミンが放出され幸せを感じ、自己成長感・達成感や自信・自尊心が高まります。

そして、そこから学習性自己効力感が身に付き、一層努力するエネルギーを補給し、さらに自己効力感を持ってより高い目標を設定・達成し、最終的に究極の大きな目標や夢を達成することができます。

よくわかりました。すなわち、小さな目標設定 → 努力 → 成功 → 学習性自己効力感 → 小さな目標設定 → 努力 → 成功 …… ということですね。

そのとおりです。なお、目標を達成するための進捗管理において、これまでどの程度目標が達成されたのか（**達成度管理**）と、どの程度未達成の部分が残っており、それをどのようにして達成していくのか（**未達成度管理**）を管理します。

102「**成功脳**」とは成功しやすい脳のことであり、成功を積み重ねることで成功脳が強化されます。

　この場合、設定された行動計画に基づいてワクワクしながら徹底的に計画を実行し、その実施度・達成度についての検証や振り返りを行い、修正すべきところがあれば、視点、発想、考え方ややり方についての改善点を明確化し、さらに次の計画に反映し改善してきます。

　このように夢を現実化するためには、それに向かって高いモチベーションをもって本気で継続した努力を積み上げていくこと（**行動の習慣化**[103]）が大切です。この場合、努力をすると同時に、それが**既に達成された時のように振舞う**ことが大切です。

　やがて努力が報われ、因縁が熟すること（**「時節因縁」**）によって良い成果が現れます。これはオリンピックで体操金メダル２連覇の内村航平選手のような憧れの人になることを夢見、そのようになれるようにそれをまねる（**モデリング**）という努力を重ねることです。すなわち、内村選手の「**世界一練習した者が世界一になる！**」ということです。

　なるほど……よくわかりました。

　この場合、夢の達成を夢見て例えば、「勝利のＶ字ポー

---

103 例えば、自転車や自動車の運転、鉄棒、水泳、言葉などのように、初めは顕在意識を用いて意識的に行っているものでも、繰り返し練習することによって潜在意識により習慣化し、第２の天性としてそれを意識せずに無意識の状態でできるようになります。この習慣化は潜在意識の働きによるものです。このような意味で多くの良い習慣化を行い成功し幸せな人生を送りたいものです。

ズ」（✌）のような**ルーティン・ポーズ**を決めておき、日々モチベーションを高く持ち続けることも有効です。

④　失敗に負けない信念

㋐　失敗に負けない信念

　時々生じることがある「失敗」にはどのように対処すればよいでしょうか。

　失敗にどう対処するかは非常に重要な問題です。すなわち、その夢や目標は自分の人生の中心軸であり、それを中心として人生のドラマが進行していきます。その過程において時々挑戦して上手くいかない失敗や挫折が生ずることがあります。このような場合にはちょうど分岐点に立っているので、柔軟な心を持ち、**前向きの失敗**を恐れてはいけません。

　そして、楽天主義と**精神的な強靭さ**（メンタルタフネス）、忍耐力と信念、自己効力感、成長型マインドセット**に基づいて、すべてのことは理由があって生じており、また**失敗には再現性がある**ので、それを貴重な学習の機会と考え[104]、むしろ成功への通過点すなわち今までのやり方では駄目であるという（**学び**ないし**成長の観点**から）

---

104 つまずくと諦めてしまい改善の努力を止めてしまう人も少なくありません。そして自己防衛本能からその状況から逃げようとするとかえってそれについて不安、恐怖心や苦しみが植え付けられ、心が折れてしまいます。

知識・経験として学び、どちらの方向に進むべきかを明確化できたことを喜ぶことです。そして、常に「今度こそ！」と改善された新たな方法で上への努力を継続することです。

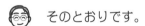 すなわち、**夢・目標 → 挑戦 → 失敗 → 学習 → 改善 → 再挑戦 (上への努力) ―(突破)→ 成功**ということですね。

そのとおりです。そして、改善・成長思考に基づき創意工夫し「こうしてみよう！」という改善された方法で試行錯誤を繰り返しながら前進し続けることです。すなわち、いくらでもやり直し、「どのような状況に遭遇しても絶対にそれを克服し、成功するぞ！」と絶対的な信念を持って心の中で**セルフトーク（独り言）**を繰り返し、**その先にある成功を信じて粘り強く忍耐力、レジリエンス（逆境力）と完全な積極性をもって上への努力を楽しみながら継続し、成功するまでやり抜く力を発揮すること**が大切です。

よくわかりました。失敗に絶対に心折れないことが大切なのですね。

そのとおりです。

⑦　本当の限界と心理的限界

それとの関連で**限界**には本当の限界と心理的限界がある

そうですが。

　そのとおりです。限界には図表2-24のように、**本当の（物理的などの）限界**と**心理的限界**があります。本当の限界まで行く手前の心理的限界で目標の達成を諦めてしまう人も少なくありません[105]。このような場合、自分を奮い立たせ、自ら設定した目標を達成するまで忍耐力を発揮し諦めないという確固たる信念をもってもう少し頑張ることが成功の秘訣です。

図表2-24　心理的限界と本当の限界

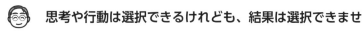　よくわかりました。

⑤　夢の実現の信念化

　関連質問で「夢の実現までやり抜く力」はどうすれば湧きますか。

　思考や行動は選択できるけれども、結果は選択できませ

---

[105] 「**諦め**」とは「もうこれ以上は無理だ！」とネガティブな気持ちで目標などの達成を止めてしまうことです。他方、そのような気持ちや執着をメタ認知によってありのままに受け流すことが**手放す**ということです。

ん。しかし、良い結果を導くために夢にかける**情熱**をもって**努力・行動**することによって、良い結果の期待を上げることはできます。すなわち、**確率論的思考**に基づけば成功は基本的には**確率論**です。成功のためには正しい方向性と自分の限界に挑戦する絶対的な信念を伴った上への努力が必要です。

　つまり、成功する確率が向上する最良の選択を重ねていくこと、それゆえ、何度も粘り強く継続的に上への努力を積み重ね、十分な準備期間ができていれば**成功確率**は着実に高くなり、一般に最後には夢は叶います。このように未来を信じる意志の力を持ち、夢が叶うまで夢は必ず実現できるという自己効力感と絶対的な信念を持っての努力を継続することです。必ず成功すると信じて（「**実現可能性の信念**」）成功するまでの努力を楽しみながら継続するという**努力習慣**を身に付ければほとんどは夢が叶います。自己の目標が達成されるまで信念を伴った**やり抜く力**を発揮し、夢を叶え成功し幸せになりたいものです。

　このようにして夢を叶えた場合には「やった〜！」という宙に舞うような**達成感・幸福感・満足感・感動体験**と「やればできる！」という**自信・自己効力感・自己肯定感**が湧きます。そして、その嬉しい**成功体験**はドーパミンを分泌させ、好奇心を持って新たなことにチャレンジへ向かうやる気を与えて

くれます。

 よくわかりました。すなわち、**挑戦 → 成功 → 達成感**（幸福感）**→ 挑戦 → 成功 …… という幸せ成功サイクル**を回すことですね。

 そのとおりです。

POINT

潜在意識の法則

① **潜在意識の法則**とは正しく潜在意識を活用すれば心に思い描いたとおりに夢や目標が実現するという法則です。

② **夢や志**はやる気の源泉であり、その達成のためには脳を快の状況にするワクワクして何のためにそれを行うのかという理由を示す**目的**と、その明確で具体的な数値などによる**目標**の設定が必須です。

③ **顕在意識：言葉：目標［因］→ 明確なイメージ → ワクワク感とエネルギー（思い続ける力）→ 潜在意識［縁］→（努力［縁］）→ 実体化：実現［果］**

④ 失敗に心を折らさずに、最後までやり遂げることが大切です。

10　空

(1)　空の法則の意義

 人生において「空の法則」とはどのようなものですか。

😊　**「空の法則」**とは人生において生じるすべての物事は縁
起の法に基づいて固定的な実体はなく、縁によって仮に現象と
して現れている（**仮和合のもの：仮観**）ものに過ぎず、絶えず変化
し続ける（空性のもの：空観）という法則です[106]。これは東洋哲学
では最重要な根本哲学の１つです。

　人生において空が特に問題となるのは、悩みや苦境[107]など
に陥った時です。その理由は悩みや苦境に直面すると、自己の
ネガティブな悩みなどの思考に注意を向ける**自己注目**（自己注
視）[108] が生じ、その悩みに意識を集中し、またはそれを悩まな
いようにしようとし、益々その悩みを考えてしまうことがあり
ます。しかも私たちはしばしばその悩みなどに実体があり、そ
れを解決できないものと考えがちであるからです。

　ところが、その悩みというものはいろいろな状況が原因と
なって一時的に生じているけれども、それ自体に固定的な実体
はなく、永続する性質のものではない（**悩みは固定的な実体として**

---

106 この「空」は一般に無我に到達した人が得られる悟りの境地の１つであると言われ、
　　空は万物の本質であり、その最も本質的な特徴は有名な「色即是空・空即是色」で示
　　されます。そして、この空という概念は二項対立的な見方としての有と無という両極
　　を包摂するものとなっています。なお、**すべての現象として存在するものは消滅し存
　　在以前のものへ戻り**ます。
107 苦境はその中にそれと同等以上のチャンスや成功の種を宿しています。東洋思想で
　　はこの世界は**「一切皆苦」**と捉えています。なお、**苦は思うようにならないこと**から
　　生じます。
108「**自己注目**」とは自分自身のことに思考や意識を集中することです。

存在しないが、悩む人はいる）ということを理解することが大切だからです。このように悩みなどの**ネガティブな感情や思考状態からネガティブな部分を取り除くこと**を空化（くうか）といいます。

よくわかりました。すなわち、悩みは現象としては確かに生じているがその固定的な実体はないので、メタ認知的に現実の悩みの対象となっている事実だけはありのままに受け入れ、**問題に焦点を当てるのではなく、その解決策の方に目を向け**[109]**て渾身の力をもって解決のための努力をし行動すれば、それを解決することが可能である**ということですね。

そのとおりです。そして、**悩みなどのネガティブな感情のない状態が心安らかな状態**です。

（2）　逆境力として有用な思考

「逆境力としての有用な思考」はありますか。

苦境時における**問題・課題と悩みとは異なり**ます。一般の人は苦境時にあれこれと悩みますが、賢人は悩まず、その問題・課題に全力で正対し解決し乗り越えます。これが**逆境力**です。**逆境力とは**㋐**逆境をどのように解釈するのかという解釈**

---

109 意識とエネルギーを過去志向的な問題にではなく、未来志向的な解決策や理想に焦点を当てることが大切です。

図表2-25　逆境力としての有用な思考（苦境克服思考）

① 弁証法	ある意見や状況など（正）に対して対立・矛盾するような状況（反）が生じた場合に、それを切り捨てることなく、それを取り込み、それに正面から対処し、より高い次元で問題を解決する方法（合）
② 複眼思考	自己の現状を一歩下がって一段高いところから見るものであり、自分の不幸や不満などばかりではなく、自分の恵まれた状況も見ることによって、苦境を乗り越えるためのエネルギーを得、苦境を克服するという考え方
③ 包摂思考	現在自己に生じている現象は何か深い意味があるものであるとそれを受け入れ、苦境を乗り越えることに全力を尽くそうという考え方
④ 切断思考	過去を過去のこととしてすべてを受け入れ切断して考えるという考え方
⑤ 積転思考	ネガティブな思考を積極的（ポジティブ）な思考に転換（リフレーミング）しようとする考え方
⑥ 今生思考	過去を切断して今していることにポジティブに没頭して全力で生きるという考え方
⑦ 未来志向	現在の状況だけではなく、目的志向的にその先（未来）を見て考え、行動しようという考え方
⑧ 逆算思考	全体像を把握した上で将来の達成すべき目標から逆算して現在の行動計画（スケジュール）を設定し、それを実行することによってゴールを達成しようとする考え方
⑨ 改善思考	問題焦点型対処思考の1つであり、問題や課題に遭遇した時にその問題点などを明確化し内省し、改善して問題を解決していこうという考え方
⑩ 成長思考	人間には生まれつき成長する能力が備わっており、それゆえ苦境なども自己の能力を高め成長していけば必ず克服できるという考え方

（出所）岩崎・四海、182頁。（一部修正）

力と⑦それにどのように対処するかという対処力のことです。

この場合、それを乗り越えるためには、方法論や行動（「対処

力」）のみではなく、その前提として柔軟な思考（「解釈力」）も大

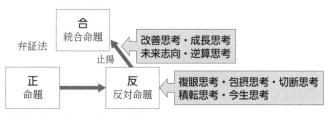

図表2-26　弁証法と複眼思考など

（出所）岩崎・四海、113頁。（一部修正）

切です。この苦境時に有用な思考（「**苦境克服思考**」）として図表2-25、2-26のようなものがあります。

① 弁証法（べんしょうほう）

「**弁証法**」とはヘーゲルの考え方であり、図表2-26のように、ある意見や考え（**正**：命題：テーゼ（せい））に対してこれに対立・矛盾する意見や考え（**反**：反対命題：アンチテーゼ（はん））が提示されると、その対立・矛盾する意見を切り捨てず、取り込み、新しいもう一段階高い次元のもの（**合**：統合命題：ジンテーゼ（ごう））に統合（「**止揚**」（しよう）：**正→反→合**）・解決する方法です。

② 複眼思考

思考法には1つのことだけに着目する**単眼思考**と、複数の視

点から考える**複眼思考**ないし**多眼思考**があります。

　この場合例えば、苦境に際して狭い視野（**視野狭窄：トンネリング**）[110] で自己の現在の厳しい状況だけを自己中心的に考える**単眼思考**ではなく、その状況から一歩引いて広い視野に立って自分よりもっと厳しい状況にいる人が沢山いることを考える**複眼思考**を持つことが大切です。また、現在の厳しい状況はもっと悪いことの堤防であり、この程度でよく収まり、まだ見捨てられておらず「**不幸中の幸い**」であると良いポジティブな側面を前向きに考えること（便益発見法）もできます。

③　包摂思考

　「**包摂思考**」とは**人生において生じる良いこと悪いことすべてのものに抵抗・拒否せずに、それを自分の成長のために必要なことであるとしてありのままに受け入れるという考え方です**。この包摂思考に基づいて自分にとって良いことも悪いことも、歴史的な認識をせず、すべてものを全く新しい感性で新鮮に興味深く捉え、（常に未来志向的に努力しているので、現在を起点として）すべてのことは良い方向に向かっているといつもポジ

---

110 **視野狭窄**は一般に心の余裕、時間やお金などがない時に生じやすいといわれています。その結果六思力が正常に働かず、誤った意思決定をし易くなります。

ティブに考え行動するというポジティブ習慣が大切です。これによって人生が必ず好転してきます。

④　切断思考

「**切断思考**」[111] とは過去のことや既にあるものをありのまますべてを受け入れ、歴史的認識をせず**過去は過去**のこと未来は未来のこととして許し切り離し手放し、「今の状況」「既にあるもの」に抵抗や否定せずに、その状況で新たに生まれたものと考えるものです。そしてこれを前提として何の先入観も持たずに、因果律とポジティブ思考に基づき（常に未来志向的に努力しているので）すべてのことは良い方向に向かっていると考え、明るい未来に期待し未来志向的でチャレンジ精神を持って**常に今が人生の再出発点であり、今の時点と状況からすべてを始め、今をポジティブに生き抜くという考え方です。**

⑤　積転思考
せきてん

「**積転思考**」とはネガティブな思考を積極的（ポジティブ）な思考に転換（「**リフレーミング**」）しようとする考え方です。これは

---

111 **切断思考**の反対概念は私たちが日常的に行っている過去からの歴史的な認識を行う**連続思考**です。

逆境力として最も有用な思考の 1 つです。

⑥　今生思考
（いまいき）

　私たちが生きられるのは現在の瞬間（今）しかありません。そして、「今生思考」とは心身のバランスが保たれた理想的な状態で常に意識をこの瞬間にピントを合わせ、今していることにポジティブにワクワクして没頭しベストを尽くして生きるという考え方のことです。そして、それを習慣化したものが「今生習慣（いまいきしゅうかん）」です。この場合、切断思考に基づき過去のことに囚われず、それを許し手放し、すべて受け入れ切り離し、またまだ来ない未来の心配も切り離して、自分にコントロール可能な現在のみに焦点を当て、一期一会的に現在していることにポジティブにベストを尽くすことです。このように、過去の悔いや未来の心配のために、現在を台無しにしないことが大切です。

　すなわち、何の思い込みも先入観も持たずに、因果律とポジティブ思考に基づき現在を起点としてすべてのことは良い方向に向かっていると考え、明るく素晴らしい未来に期待し、未来志向的でチャレンジ精神が旺盛な人間となって、これまでの人生経験を前提とし、それを活かしながら常に今（現在の瞬間）していることにベストを尽くすという考え方です。

⑦ 未来志向

「**未来志向**」とは過去志向や現在志向に基づく現在の状況ではなく、その先の未来の状況を目的志向的に見て**未来志向性**を持つことであり、それゆえ、常に明るい将来イメージや将来ビジョンを持って、自己が成長し潜在能力を最大限伸ばそうという志向のことです。そして、理想自己の実現を信じて現在においてポジティブにベストを尽くして生きるという考え方です。

⑧ 逆算思考

人生における目標達成や課題処理の考え方として積上思考と逆算思考があります。「**積上思考**」とは今ある状態から考える思考であり、特に明確な計画などを設けずに、日々の作業や行為をコツコツと積み上げていって目標などを達成しようという考え方です。他方、「**逆算思考**」とはまず理想とする未来（「**達成目標：ビジョンプラン**」）を明確にイメージし、そして鳥の目で大局観に基づいた全体像を把握した上で、未来を起点として現在の状況とのギャップ（差異）を把握し、逆算してスケジュールを立てて行動するという考え方です。

すなわち、まず達成すべき目標（ゴール）と日時などを明確化し、そこから現在に逆算してそのギャップ（解決すべき課題）を

明確化し、その差異を埋め、目標を達成するために必要な行動をスケジュールや**行動計画（アクションプラン）**[112] として設定して、それを創意工夫しながら継続的に実行することによって、目標を達成しようという考え方です。この思考は、**時間（速さ）管理、作業（量）管理や質の管理の側面で優れた思考習慣です。**それゆえ一般に受験勉強やビジネスでの活動のほとんどはこの思考によっています。

⑨　改善思考

　失敗などで上手くいかなかった時に取られる思考として反省思考と改善思考とがあります。「**反省思考**」とは失敗などについてくよくよと思い返し、自分を追い込み、落ち込み、それを反省し後悔する思考です。この場合にはこれ以上失敗をすることを避け自分を守りたいという自己防衛本能が発揮され弱気になり、これが行き過ぎる場合にはうつ病などになることもあります。このままネガティブな状態で終わってしまうと挑戦をしなくなり、進化向上はありません。

---

112 スケジュールや行動計画には少なくとも５Ｗ１Ｈ：Who（誰が：行為者）、When（いつ：締切日）、Where（どこで：作業場所）、What（何を：作業内容）、Why（なぜ：目標を達成するために）、How（どのように：作業方法）が明確になっていることが必要で、特に締切日と目標を達成するための作業内容は大切です。

他方、「**改善思考**」とは（ある物事を自分の望むような状態に変えたいという**改善欲求**に基づき）失敗などについてその問題点を明確化し、謙虚にそれを内省し、ポジティブにそこから学び、貴重な教訓や学習経験として上手くいかなかった問題点は発想を変え柔軟に改善していこうとする思考で、通常私たちが採用している考え方です。この思考法は、ポジティブに教訓に学び改善するという上への努力を行うので、成功の可能性も高まり、幸せになりやすくなる思考習慣です。

⑩　成長思考

　自己の能力や性格などについての考え方としては固定思考と成長思考があります。「**固定思考**」（固定型マインドセット）とは現状維持バイアスに基づき自己の能力や性格は生まれつきのものであり、変わらないという考え方です。

　この固定思考では固定観念や悲観主義に基づく**自己無力感によって自己の能力の限界**（心理的限界）**を設定し、また未来の失敗が恐ろしいので、危険から身を守るために自然に最悪の事態を想定し、そのような失敗や危険を未然に防ぎ自己を守りたいという自己防衛本能に基づく危機管理意識を強く発動させ、自分にはできないという烙印**（スティグマ）**を押し、思考**

停止状態かつ無力感[113]の状態で新しいことに挑戦することをためらいます。 そして、後になって挑戦しなかったことに悔いることが少なくなく、負のスパイラルを繰り返します。

　他方、「**成長思考**」（成長型マインドセット）とは自己の能力や性格などは常に向上・成長していくという考え方です。この思考方法では恐れに基づくいわれのない自己の能力への**自己限定**（リミッターの設定）を止め、それゆえ自己の潜在能力の可能性を信じ、チャレンジ精神を持ち、やる気と自己効力感を持ち新しいことに前向きに一歩踏み出し、そこから多くの経験や教訓を学んでいこうとします。このような**心のブレーキ外し**と勇気をもった**挑戦の習慣化**が成功し幸せで充実した人生を送るために大切です。また、成長思考に基づく夢や目標を公言することは、確証バイアスというメカニズムによって脳がその言葉を支持する証拠を集め実現（**予言の自己実現**）します。

 　よくわかりました。これらの思考法を活用したいと思います。

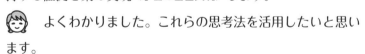 　是非ご活用下さい。

---

[113] なお、何回も同様な失敗をして「何回してもダメだ！」という自己の無力感を感じることを**学習性無力感**といい、その反対が**学習性自己効力感**です。

（3） 逆境力としての苦境克服法

人生における「逆境力としての苦境や悩みを克服する方法」（「**苦境克服法**」）はありますか。

もちろんあります。**苦**[114] ないし**悩みの根源**は**自分の思い通りにならないこと**です。そしてそのような思い通りにならない苦の状況が**苦境**であり、苦しいというネガティブな感情が発生します。人生においては順調な時ばかりではなく、苦境にも時々遭遇します。大切なのは苦境そのものではなく、それに対処するために行動し、そこから何を学び成長するのかということです。

人間性や魂は苦境においてより一層磨かれます。その理由は苦境が物事の本質を明らかにし、哲学が確立するからです。

この場合、苦境や課題の本質を理論的・想像的・創造的に捉え、その本質を見抜き、最適解を導くという概念化を行う能力（**概念化能力**）が大切です。そしてこの苦境に際して「だって……」「でも……」という**ネガティブなＤ言葉**でできない言い訳をしようとすると、自己防衛本能からその苦境に対する不安や恐怖が益々強くなります。しかし、**苦境こそ恩恵であり、**

---

114 苦しみは心が感じるものであり、実際にそれが固定的な実体として存在し、現実が苦しいのではありません。

図表2-27　逆境力としての苦境克服法

苦境克服法	内　　　　　容
① 原因棚卸法	苦境などの原因を書き出し、見える化し、それに対する対策を立てて実行する方法
② あるもの出発法	現在手元にあるものを数え、そこから出発する方法
③ 課題分離法	課題を自己の課題と他人の課題に分離し、自己の課題の対処のみに集中する方法
④ コントロール可能法	コントロール不能なものは無視し、コントロール可能なものに集中する方法
⑤ 便益発見法	苦境などの良い面である便益を見つけ出して、苦を克服する方法
⑥ 弁証法	ある意見や考え（正）に対してこれに対立・矛盾する意見や考え（反）が提示されると、その対立・矛盾する意見を切り捨てず、取り込み、新しいもう一段階高い次元のもの（合）に統合・解決する方法
⑦ 空観法	すべての現象を空相すなわち現在の状況は一時的なものと捉えて苦を処理する方法
⑧ 捨我法	自我（エゴ）を捨てて苦を処理する方法
⑨ 自己観察法	感情的な私を別の理性的な私が冷静に観察（メタ認知）することによって苦を処理する方法
⑩ 複数解答法	解答には複数のものがあると考えることによって苦を処理する方法
⑪ 問題解答同時法	問題と解答が同時に示されていると考えて苦を処理する方法
⑫ 「…と思った」法	バーチャルな思考の世界で「…と思った」が、今のリアルな現実の世界ではそうなっていないことを確認して苦を処理する方法
⑬ 自己暗示法	積極的な状態を維持するように自己で暗示をする方法
⑭ 積転法	ネガティブな状態を積極的（ポジティブ）な状態へ転換する方法（リフレーミング）
⑮ 直感法	瞑想などによって直感（インスピレーション）を得て、その直感に従って行動することによって苦境を克服する方法
⑯ 大いなるもの法	大いなるもの（Something Great）に導かれていると思って苦を処理する方法
⑰ 潜在意識法	課題の解決した情景をありありとイメージすることによって潜在意識に刻印し潜在意識を活用して苦を処理する方法

（出所）岩崎・四海、173頁。（一部修正）

「なるほど、そうか！」というように、**学んで成長のための**
チャンスと考え、それを必ず克服できるという強い信念を持っ
て、以下のような方法を上手く活用すれば、苦境を克服し成功
すると同時に自己成長もでき、幸せにもなります。図表 2–27
に示すものは苦境に対する対処法（**「苦境克服法」**）ですが、平時
の課題解決法としても同様に活用できます。

　①**「原因棚卸法」**とは現在の悩み[115]・課題・苦境の原因を紙
に箇条書きし見える化することによって、その原因を明確化
し、それに対する対応策を具体的に列挙し、その対策を実行す
ることによってそれを解決していこうとするものです。

　②**「あるもの出発法」**とは現在あるものないしできることに
目を向けそれから出発する方法です。つまり、「ない」ものに
目を向け悩むのではなく、「ある」ものを数え、それに感謝や
満足し、それを出発点とし、未来に希望を持って努力を重ねて
いく方法です。

　③**「課題分離法」**とはアドラー的な考え方で、自分が直面し
ている課題（**「自己課題」**）と他の人が直面している課題（**「他者課
題」**）を分離し、自分でコントロール不能な他人の課題は全く無

---

115 ある問題に**思い悩む**のではなく、その本質や解決策（改善策）を**問い**、**考え**かつ**行
　動する**ことこそが大切です。

視し、自分でコントロール可能な自分の課題のみに集中して対処して課題を解決する方法です。

　④「**コントロール可能法**」とは自分にコントロール不能なことは全面的に受け入れると同時に、自己のコントロール可能なことのみに集中して物事や課題を解決していく方法です。人生でコントロール可能なことは、①自分の考え方、②目標や夢の設定、③行動などです。

　それゆえ、このように自己のコントロール可能なことに自己のすべてのエネルギーを集中することによって、効率性を向上させ、その状況を克服していきます。このように、自己コントロール型（**自己統制型**）の人は一般にポジティブ MS で、明確な目標や夢があると同時に行動力もあります。

　⑤「**便益発見法**」（**ベネフィット・ファインディング法**）とは出来事の良い面・プラスの側面である便益すなわちプラスの意味を自分で発見し、それに意識を向け、それをエネルギーとしてその状況で最善を尽くし、課題や苦境を克服していく方法です。出来事には必ずプラスとマイナスの両面があり、人生で何が起こるかが問題ではなく、それをどのように捉えどのように対応していくのかの方がより重要です。つまり、人生において生じる出来事や物事は本来中立的な性格を持っており、プラス（便益）

とマイナスの両面を持っています。

　この場合、それにプラス・マイナスの意味づけをする選択権を持つのは自分自身です。この際、往々にしてマイナスの側面に着目し、心が折れそうになりますが、反対にものの見方を改善して、もののプラスの側面である便益や自己の成長への意味に着目し意識を向け、「この出来事の良い側面は何であろうか？」と考え、そこから心のエネルギーを得て課題や苦境に対応し、それを克服していくことが大切です。

　⑥「**弁証法**」（前述 10（2）「苦境時に有用な思考」を参照されたい）

　⑦「**空観法**」[116] とは東洋思想的な方法であり、現実に生じている苦境や悩みは永続する固定的な実体を持たない空性（幻想）のものすなわち現在の状況は一時的なものであり、絶対に克服できるものであると考えて、その課題を克服する方法です。

　⑧「**捨我法**」とは東洋思想的な方法であり、問題が生じて苦しいというのは自我的な思考が自らその苦しみを作り出した幻のものであると理解し、「**自我の影響から解放され自由になる**

116「空観法」（現実の三次元の世界はすべて二項対立的な見方、例えば、有無などの二極で成立しており、その二極を超越し空じてみる方法のこと）としても同じです。なお、空の哲学では苦を初めとしてすべてのものは縁起の法に基づいて固定的な実体を持たないもの（幻想）であると考えます。

こと」つまり「**自我を捨てる**」ことによって苦から解放される方法です。

　⑨「**自己観察法**」とは**メタ認知法**とも呼ばれ、マインドフルネスや座禅などで使用されるもので、感情的な私を別の理性的な私が冷静に客観的に観察（**メタ認知：客観的な自己観察**）することすなわち自分自身を俯瞰的に観、ありのままに受け入れ解放することによって苦を受け流し処理する方法のことです。このことによって自分の感情や思考を客観視し、それらをコントロールすることを容易にし、苦を処理する方法です[117]。

　⑩「**複数解答法**」とは課題などについての解答は１つだけではなく、複数のものがあると考えて課題に対処する方法です。これによって回答は１つだけであると考える閉塞感から解放されて、想像性と創造性を発揮し、様々な解答や選択肢を考え「こうしてみよう！」と工夫することができます。

　⑪「**問題解答同時法**」とは問題と解答が同時に示されていると考えることによって苦を処理する方法のことです。すなわち、試練としての苦境が与えられると同時にどこかに解決

---

[117] このメタ認知によって感情的な自我を解き放ち、抜け出すことができるので、メタ認知は**苦しみから解放され楽しく安らかな心の状態になること**や**解脱**に通じています。この**メタ認知の活用**によって無我意識を基礎とする瞑想・無我・智慧・平安という世界を理解することができます。

法[118] も必ず与えられているとポジティブに考えて、つまり「耐えられない試練は与えられない」と考えて、解決策を探しながら、努力を継続することによって苦境を克服する方法です。この方法は少しスピリチュアルな考え方ですが、現実の社会ではこの方法で逆境を乗り越えていく人も少なくありません。

⑫ 「『…と思った』法」とは自分ではそれは大変な問題であると想像しているけれども、現実にはそのようになっていないということを確認して、現実と想像との混同の状況から脱出した状況となり、不要な心配や恐怖から解放されて今直面している課題に正面から対処することによって苦境を処理する方法です。

⑬ 「自己暗示法」とは積極的な状態を維持するように自分が自分に暗示をする方法です。例えば、アファメーション、単語法、貼紙法、セルフトークなどの方法を使用するものです。

⑭ 「積転法」とはネガティブな状態を積極的（ポジティブ）な状態へ転換（リフレーミング）する方法です。

⑮ 「直感法」とはマインドフルネスなどによって直感（インス

---

118 課題の解決への不断の努力と同時に潜在意識を上手く活用することによって直感が与えられるのを待ちます。

ピレーション）を得て、その直感やアイデアに従って行動することによって苦境を克服する方法です。

⑯「**大いなるもの法**」とは少しスピリチュアルなもので、自己の人生において見えない「大いなるもの」(Something Great) の運命的な力を感じ信じて、それを心の支えとして苦境を克服する方法です。すなわち、「私たちの理解を超えた大いなるものが自己を導き育ててくれているので、この苦境は絶対に克服できる」と考えて苦境を克服する方法です。

⑰「**潜在意識法**」とは顕在意識でワクワクして課題が解決した情景をありありと明確にイメージし、その状況を潜在意識に刻印することを繰り返すことによって苦を処理する方法のことです。すなわち、これは日夜ワクワクして課題の解決した情景をありありとイメージを繰り返し、その課題解決のために努力することによって潜在意識の働きを活用し、課題解決を図る方法です。

 わかりました。これらを是非活用したいと思います。

 是非ご活用下さい。

（4）　他律と自律

 外部からのネガティブな刺激や出来事に対してどのよう

243

に対応すればよいでしょうか。

😊　外部からの刺激や出来事が生じることそれ自体については自分では決められません。しかし、その刺激や出来事に対して**どのように反応するかは自分に選択権と決定権**があります。

この場合、ネガティブな外部刺激についてはストレスホルモンが分泌され、一般に**闘争逃走反応**が起こり、闘うのか逃げ出すのかのモードに入ります。

これを深く考えた場合、**外部刺激に対する反応方法として**は、㋐その刺激に対して即座に直接的に感情的に反応するという（直接的に外部刺激によりコントロールされる）**直接的他律的反応**と、㋑その刺激に対して**それに直接反応せず、ワンクッションを置いてメタ認知的にその刺激をありのままに受け入れ**、その不満・不快・怒りというネガティブな感情を瞬時に受け流し手放し、理性的な判断を行い、必要に応じて間を置いて自己の**自由な選択権**を行使し、その状況で最適でポジティブな回答を選択し適応するという**間接的自律的適応**があります。

感情[119]は伝染します。それゆえ、前者は、一般に一歩下がって大きな視点から冷静に受け流すことができず、感情がそ

---

[119] 西洋では一般に喜怒哀楽をはっきり表すことが良いこととされていますが、わが国では一般にメタ認知的に客観的に自己を観察し、冷静で理性的な生き方がより良いものであると考えられています。

のまま伝染し容易に目の前のネガティブな感情に左右され、それゆえ外部からコントロールされる感情的で動物的で自己の選択権があることを知らない自己中心的な人であることが少なくありません。そして、刺激と感情的な反応の**悪循環**が繰り返されます。他方、後者は自分軸に基づき自由な選択権やコントロール権があることを知っており、理性的で冷静で人間的でポジティブで他人への配慮深い人であることが少なくありません。

　このような場合に怒りの管理法としてどのような方法がありますか。

　「**怒りの管理** (アンガーマネジメント) **法**」としては、例えば、一呼吸置くこと、呼吸法、マインドフルネスなどの瞑想法、原因追及法、水などの飲料を飲む方法、他の場所に行くことや散歩法、受け取らない法、メタ認知法、相槌法、笑顔法、他の楽しいことを考えること、(感情的にならないための) 読書などの方法があります。さらに、ネガティブな思考をポジティブなものへ転換するリフレーミング (積転法) が大切です。これらの方法を活用して心の平安を保ち成功や幸せになるためにも、感情に流されず良好な人間関係を保ちたいものです。

空の法則

① **空の法則**とはすべての物事は縁起の法に基づいて固定的な実体はなく、縁によって仮に現象として現れている**仮和合**のものに過ぎず、絶えず変化し続ける空性のものという法則です。

② 苦境時に有用な思考方法として例えば、弁証法・複眼思考・包摂思考などがあります。

③ 苦境克服法として例えば、原因棚卸法・課題分離法・便益発見法などがあります。

第3章

恋　愛

皆さん、恋人、ご夫婦またあらゆる人間関係のお付き合いの中で、「ルンルルンルル～ン♪」と楽しく過ごすには、どのような心持でいるとより温かさを深め素敵な関係を築けるのでしょうか。「うわぁ～、幸せ！」と感じ、満面の笑みを相手・周囲の方々にお届けし、その**幸せの輪**が広がると素敵ですよね。さ～皆さん、より愛情溢れる楽しい世界の扉を開いてみましょう。

1　男心と女心

　「男心と女心の特徴」とはどういうところですか。

　一般に「男と女の脳は、構造が違っている。」[1]と言われ、また、個人の中にある男らしさ・女らしさの割合も様々です。その特徴の一例として男性は「結論・解決策」、女性は「共感」を求める傾向にあると言われます。例えば、話し好きな女性が何気ない内容を男性に話すと、愛情深い親切な男性は、大切な女性に対して「結論・解決策」を話し出します。一方、女性は一般にこの時「そう～か、それから」と、まず「共感」して欲しいのです。その後に「結論・解決策」へのプロセスだとス

---

[1]　黒川伊保子『恋愛脳』新潮社 2019、3 頁。

ムーズに運びます。男性にしてみれば、回りくどい時間だと感じるかもしれないですね。そこで、男性のこの思いが外に出ると、女性は一般に「何もわかってくれない、どうして〜！」と感情的になりやすくなります。男性にしてみれば、貴重な時間を使い最善のアドバイスをしているのです。

 お互いに「あら〜、どうして〜、こんな雰囲気に」と感じるところがここなのですね。お互いに仲良く中道を行くには、どういう心持でいると良いのでしょうか。

その対応策として図表3-1のような方法があります。

図表3-1　仲良くいく方法

① お互いの傾向を知ること	・お互いの傾向を知った上で、一人の個性として捉えること ・一呼吸置いて話すこと ・楽しい言葉やリフレーミングをすること ・楽しい話題を心掛けることなど
② ポジティブな環境	ポジティブな環境に身を置くこと（楽しい人間関係・時間・思考を持つこと）
③ 満面の笑み	笑顔を絶やさないことなど

皆さん、笑顔の相手に怒る気は失せるのではないでしょうか。「微笑み返し」という言葉もあるように、笑福亭鶴瓶さんのような満面の笑みは、言葉では表せないほどの効果があり、益々、仲良く円満に過ごせます。

そうですね。笑顔を大切にします。次に、「男らしさ・女らしさ」について教えて下さい。

個人の中にも男らしさ・女らしさの両者を持ち合わせますが、その一般的な特徴・バランス・秘訣をまとめると図表3-2のとおりです。

図表3-2 一般的に「男らしさ」と「女らしさ」が求めるもの

「男らしさ」が求めること	相手から次のことを実感すること（⇒満足） ① 認められること ② 受け入れられること ③ 信頼されることなど
「女らしさ」が求めること	相手と話している時に注視している点（⇒共感） ① 自分の話をしっかりと聞いているのか相手の受け止め方 ② 理解してもらえているかと相手の受け止め方など

（注）ジョン・グレイ『ベスト・パートナーになるために』三笠書房 2020、209-211頁を参照して著者作成

図表3-2のように一般に男性が満足を得るには、相手に対して何らかの影響力・喜びを与えたいとの思いがあることが多いので、女性はそこを理解し安心感を与えると素敵な関係を築けます。そこで、お願いする時の一般的な秘訣は図表3-3のとおりです。

また、女性の中にも、女らしさ・男らしさの両者が存在しますが、女性が行動する際に、図表3-4のようにバランスを取

図表3-3　お願いする時の秘訣

① タイミングを選ぶこと	進んでやろうとしていることに対して、わざわざ請求しないように気を付けること
② 命令するような態度や口調で頼まないこと	頼み事はけっして命令ではないこと
③ 用件は短く、わかりやすくすること	理由をクドクドと並べ立てないようにすることなど

（注）ジョン・グレイ、前掲書、176-179頁を参照して著者作成

図表3-4　バランスの秘訣

① 社会的立場 温かい柔軟な人間関係を築くこと	会社など社会的に活動していく上で、スムーズに物事を運ぶためには、意見・企画などを通すために攻めるのではなく、まず、日頃から自身の人間性の温かさなどの柔らかい部分を相手に理解をしてもらえるように人間関係を築くことが重要であることなど
② 個人的(恋愛)な立場	女性の柔らかさ、温かさ、満面の笑みで相手に穏やかさ・安らぎを与え、また、受け入れることができる優しさが重要であることなど

りながら接していくと、一般に反感をかわれることなく、本来、自分が目指したい方向性へ協力を得ることができます。このバランスを取り他者からの協力を得る点は、男性も同様です。

個々の特徴を摑みバランスを取ることで、他者との関係性も良くなるのですね。

2 愛を育む

　愛を育むとは、どういう捉え方をしたら良いのでしょうか。

　長い人生において、お互いに良いことも大変なこともあるかと思います。お互いに「ルンルルンルル〜ン♪」という流れに乗って楽しいことを共有し優しい笑顔で喜びの分かち合いをし、大変な時は人生の中で「今ここの時点にいるのだな〜、そういうこともあるのかな〜」と通過点であるとの心持ちでいると心穏やかに過ごせます。また、相手が「ほっと」できる言葉・行動をすることで心に安らぎをプレゼントすることができます。目の前の人の幸せを心掛けると、よりしっかりとした信頼関係・絆が生まれ愛が膨らんでいきます。

　そういう心持でいると愛が膨らんでいくのですね。

　さらに、二人の満面の笑みからそのオーラを放って、周囲をも楽しく明るい世界を創造していくと素敵ではないでしょうか。題して**愛の倍増計画！**　皆さんにとっての愛の倍増計画はどのようなものになるのでしょうか。もし興味を抱いて頂けたら嬉しいです。

　愛の倍増計画！　楽しそうですね！

> ☕ コーヒーブレイク
> ## 愛の倍増計画！
>
> 　**愛の倍増計画**とは二人の楽しさ明るさ愛情の深さや笑顔などを含めた慈愛を活かして、周囲の人たちまでも幸せにする世界を創造することです。二人だけの愛はもちろんのことですが、さらに二人の幸せから周囲を巻き込んだ活動（社会への貢献）までにも発展していくことが可能です。「二人の幸せ＋皆さんへの幸せ」の両者を二人で考えていくと話も盛り上がり楽しい長いお付き合いができるかもしれませんね。二人の更なる幸せへの１つの提案です。もし心に響いたのでしたら、試してみて頂けると嬉しいです。例）①満面の笑みを周囲に届けること。②二人の共通の趣味などで周囲の人たちの役に立つ活動をしてみること（ⅰ.動物園にデートに行ってみる⇒動物のエサ代も助かる。ⅱ.また、足を運ばなくとも興味があれば、クラウドファンディングをしてみること。ⅲ.読書が好きな方は、読み聞かせのボランティアをしてみることなど）。さ〜、みんなで Happy World を創りましょう！

3　外面・内面から見た社会的・私的な立場─────

　😊　私の存在・立場を外面・内面から捉えるとはどういうことですか。

　😊　まず外面的・内面的な捉え方ですが、外面的なものとして社会的地位や財産などがありますが、これらは状況・環境により変化するため、外面的な判断で捉えるだけでは、目先のこ

とを追っているにすぎません。「こんなはずじゃなかった」との見解もあり得ることになります。一方、内面的な自分軸での夢・志に向けて進化向上を目指し私という存在の確立をしていくことも重要です。それと同時に、相手・周囲との関わり方のバランスも大切にしたいものです。直接的・間接的なあらゆる関係性の中で私という存在が成り立ち、「お陰様で、ありがたい」との言葉もそこから生まれてきます。お互いに将来にわたり進化向上できるものを目指しながら変化を楽しむと長続きできます。

🙂 あらゆる関係・環境の中で、私は生かされているのですね。外面的な物だけにこだわらず、内面的な進化向上していく過程・関係も楽しみながら大切にしたいものですね。

4 自分軸での決断と健康法

🙂 自分軸で決断する時のアドバイスを頂けますか。

😊 恋愛にかぎらず人生において決断する際に自分にとって最終的に納得できる決断かどうかは、自分軸で決めることが大切です。その際、悩みもつきものですが、それを和らげる方法として、①複眼思考で捉える（結果に対してトータルで幅広く物事を捉えることが可能）ことや、②「脳内に『セロトニン』を増やすこともその

図表3-5　セロトニンを増やす方法

① 食事	不安を和らげるセロトニン*は毎日の食事から摂取して増やすこと
② 日光浴	朝、明るい光が目に入ることで脳が目覚め、分泌がスタートすること
③ 散歩	一定のリズムを刻み、それを繰り返す動作をすること →15〜30歩くこと

＊：セロトニンをつくるための必須アミノ酸「トリプトファン」を多く含む食べ物は、バナナ、大豆製品、乳製品、肉、魚など
(注)森川友義著『恋愛・結婚でうまくいっている人の5つの習慣』徳間書店 2021、124-125頁を参照して著者作成

コーヒーブレイク
【内なる応援団を創ろう！】
明るく勇気が湧き、さあ〜前進！

　内なる応援団とは引き寄せの原則により関わっている人たち、家族、友人、犬猫などの動物、きれいな花、木々などあらゆる生物などを自身の応援団と捉えることができ、何百も、何千も無限大に増やすことができます。例えば、「〇〇ちゃん、大丈夫だよ！　時間がかかっても……。人間性も、良いよ〜！　きれいなお花、生命力ある木々、こんなに成長しているんだ〜。明日もがんばれ〜。かわいらしい動物も安らぎをありがとう。家族・みんな、いつも見守ってくれて、ありがとう〜！」と自身の心の中で、自分の応援団を創ることです。時間や場所の制限なく、どんな困難な環境でも、内なる応援団を創ることができます。さあ〜、内なる応援団を創ってポジティブに明るく勇気をもって前進していきましょう！

1つです。……セロトニンは、心のバランスを保ち、気持ちを安定させる役割を担っていると言われています」[2]。このセロトニンを増やす方法は図表3-5のとおりであり、健康法にもなります。

🙍 セロトニンは、日常生活から取り入れることができるのですね！

5 猪突猛進（ちょとつ）

🙍 猪突猛進と恋愛の関係とは、どういう捉え方をしたら良いのでしょうか。

🧑 猪（いのしし）が直線的に突進する様から、目標達成に向けてがむしゃらに真っすぐに猛烈な勢いで進む様子に喩えられます。仕事・恋愛などまっしぐらに突き進むと周囲が見えにくくなるため、コミュニケーションを取りながら周囲にも配慮が必要です。自分のことを大切に思ってくれる人たちが周りにいるように、相手の環境も同様です。二人と周囲の人たちと共に和・幸せを感じる繋がりが大切です。

🙍 二人の縁を大切にし愛を深め、幸せオーラを周囲にも広げていけると素敵ですね！

---

2 森川友義、前掲書、123 頁。

6　トラブルへの対処法

　パートナーが不機嫌。う～、人間関係がスムーズにいくにはどうしたらよいのでしょうか。

　ピンチを「和やかな雰囲気」「かわいらしさ」に変えていく方法として図表3-6のような対処法があります。

図表3-6　トラブル対処法

先手を打つ	相手より先に歩み寄り「ごめんなさい」と伝えること 利点：大人対応をすることにより、相手から賢い人との評価を得ることができることなど
一呼吸置く	カチンと来た時は、感情的に発言しやすいので、一呼吸置き、感情のコントロールをすること 利点：鬼発言にならないことなど
和解の提案	相手の好物を知っていたら「○○一緒に食べたいな～」とかわいらしく提案してみること 相手が何を望み、叶わずに不満を抱いているのかコミュニケーションを図ることなど
放っておくこと	自分に信念を持ち、慌てず騒がないこと 時間が経てば、お互いの感情も落ち着き整えることができることなど この際、放置し過ぎると疎遠に繋がるので頃合いを間違えないように注意が必要であること

　ありがとうございます。試みてみます！

7　結婚観

😊　結婚して幸せな人生を送るためには何が大切なのでしょうか。

🤓　相手を幸せにしたい、相手と幸せになりたいとの一緒の思いがあることが大切です。よく結婚相手に求める条件に財産や高年収など挙げますが状況により変動し永遠的なものではありません。物（外面）に対する思いだけでなく、人（内面）に対する思いも大切にすると幸せな人生を送ることができます。一緒に長い道のりを歩んでいく相棒として進化向上を「ワクワク」しながら目指すと幸せも倍増になり、より素敵な世界が広がります。また、お互いに「満面の笑み、安らぎ」で、癒し・幸せを感じると、益々一緒にいたいとの思いが強くなり、友達、恋人の間柄から、結婚へとの思いに繋がります。また、個々の男らしさ・女らしさを占める割合は様々ですが、お互いの特徴を活かしながら Happy World を創りましょう！

😊　皆さん、熱々〜。皆さんの幸多き人生を願って、エイエイオー！

コーヒーブレイク
なぜ鯛はおめでたい魚なのか？

　よくお祝いの魚というと鯛が一般的ですが、なぜおめでたいとき に鯛なのでしょうか？

　祝いの意を表す「**おめでたい**」という語呂から鯛が祝いの魚と言 われていますが、それだけではなく、鯛は長生きする魚です。一般 的に魚類は短命ですが、鯛は40年ほど生きます。鯛が祝いの魚の 王様として地位についたのは江戸時代からです。当時の人の平均寿 命が40〜50歳ぐらいだった理由などが合わさり、鯛を祝いの魚と して結びつけたのではないかとされています[3]。

　それと、鯛は美しいピンク色をしていますね。皆さんの恋愛にお いても、美しいピンク色でワクワク楽しく、「**めでたい**」が生涯をと おして味わえるといいですね！

POINT
恋愛における幸せの輪

① 個人の中にある男らしさ・女らしさの特徴を摑みバランスを取る ことが重要です。

②「二人の幸せ＋皆さんの幸せ」の両者を二人で考えながらHappy World を創りましょう！（⇒**愛の倍増計画**）。

③ 外面・内面から見た社会的・私的な立場では、目に見える財産や 地位ばかりに捉われず自分軸で夢・志に向けて進化向上を目指す と楽しく過ごせます。

④ 自分軸での「決断」と「健康法」では、複眼思考で捉え、セロト

3 https://zatugakuunun.com/yt/gyokairui/3438（閲覧日：2022.5.8）

ニンを増やし、心のバランスを保つことが重要です。内なる応援
団を創ると、ポジティブに勇気をもって前進できます。

⑤ 猪突猛進では、まっしぐらになると周囲が見えなくなりがちです
が、コミュニケーションを取りながら二人と周囲の人たちと共に
和・幸せを感じる繋がりが大切です。

⑥ トラブルの対処法では、ピンチを「かわいらしさ」に変えること
が大切です。

⑦ 結婚観では、お互いの特徴を活かし、癒し・幸せを感じながら進
化向上を目指して一緒に Happy World を創ることが大切です。

第4章

成功の方程式

人生においてどのようにすれば成功することができるので
しょうか。本章では「成功の方程式の意義」「成功の構成要素」
について説明しています。

1　成功の方程式の意義

 人生における「成功の方程式」はありますか。

 勿論あります。**人生において自己がコントロール可能な
ことには例えば、思考や目標の設定（考え方）、行動の取り組み
の姿勢（積極性）、行動（実践）及び良い人間関係の構築（縁）な
どがあります。**これを成功のための方程式として定式化したも
のが図表4-1のような「成功の方程式」です。

図表4-1　成功の方程式

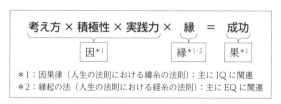

（出所）岩崎・四海、202頁。（一部修正）

　この方程式では成功の程度は「**(考え方×積極性×実践力)**×

縁＝成功」の程度として表せます。この際、この方程式自体が「人生の法則」における横軸である主体的な行為法則としての**因果律**（「因×縁＝果」）を表わしています。

　この場合、前者は自力で努力することに関連しています。そして、実践力などは主に IQ に関わり、楽しい人生を送るために、ポジティブ思考が大切です。同時にこの式における**縁**は人生の法則における縦軸としての**縁起の法**も表しています。この時、縁は他の人々と出会い、良好な人間関係を築く能力である EQ に関わり、この良好な人間関係は非常に大切です。

　よくわかりました。

　一般に**成功のためには**、㋐**目標**、㋑**実力**と㋒**運**が必要であると考えられるけれども、上述の方程式に当てはめれば、㋐**目標**は**考え方**に含まれ、目標意識をしっかり持ち続けることが大切です。また、㋑**実力**は**実践力**に含まれ、㋒**運**は**縁**に含まれます。なお、運は縁と同様なもので、多くの場合他人が運んできてくれるものです。それゆえ、運気を上げるためには普段から自己の品格を高めると同時に、多くの人々と良好な人間関係を築くことが非常に大切です。なお、運の良い人は普段から「自分はついている」と思っていることが少なくありません。

　また、「類は友を呼ぶ」といわれるように、運の良い人は運

の良い人と波長が合うので、その人たちと付き合うことが少なくありません。このように、一般の考え方とこの方程式は同様な考え方を採用していることが理解できます。

 よくわかりました。

また、思考は実現します。この場合、自分の夢や目標を実現する手段は図表4-2のように、心と身体の2つです。

図表4-2　夢の実現手段

手　段	内　　　容	備　　　考	阻　害　要　因
① 心	思考：設計図、想像（イメージ）、暗示、感情	自由：時間空間という物理的な制限なし	ネガティブ思考・意識いわれなき自己限定
② 身体	行動：態度	限定：時間空間という物理的な制限あり	不健康

前者の「心」は本方程式では「考え方」「積極性」に、「身体」は「実践力」「縁」に含まれます。そして、夢の実現のために心については時空の制限はなく、自由に発想できます。またこの思いが強ければ強いほどその夢の実現の可能性は高くなります。

そして、自分の夢や目標を達成するために顕在意識と潜在能力を活用しようとする場合には、まず**ワクワクするような叶えたい明確な夢や目標を設定し、それが達成された時の具体的で**

明確なイメージを繰り返しありありと持つこと（**イメージ力**）、それを達成するために渾身の力を込めて継続的な努力をすると同時に、それが達成された時のように振る舞うことが大切です。

　これは憧れの人（ロールモデル：例えば、藤井聡太棋士）になることを夢見、そのようになれるようにそれをまねる（モデリング）という努力を重ねることと同様です。そして、実践すれば確実により良いものへと変わります。

 よくわかりました。

 成功の方程式

①成功の方程式では成功の程度は「**（考え方×積極性×実践力）×縁＝成功**」の程度として表せます。この方程式自体が**因果律**（「**因×縁＝果**」）を表わしています。
②このうち考え方が最も重要です。

　以下ではこの方程式の構成要素について説明していくこととします。

2 成功の構成要素

（1） 考え方

① 考え方と明確な目標

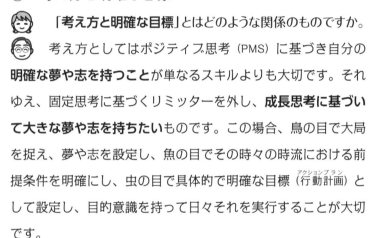

「**考え方と明確な目標**」とはどのような関係のものですか。

考え方としてはポジティブ思考（PMS）に基づき自分の**明確な夢や志を持つこと**が単なるスキルよりも大切です。それゆえ、固定思考に基づくリミッターを外し、**成長思考に基づいて大きな夢や志を持ちたい**ものです。この場合、鳥の目で大局を捉え、夢や志を設定し、魚の目でその時々の時流における前提条件を明確にし、虫の目で具体的で明確な目標（行動計画）として設定し、目的意識を持って日々それを実行することが大切です。

　すなわち、心に思い、言葉にされた夢や目標は、確証バイアスというメカニズムによって脳がその言葉を支持する証拠を集め、それが実現する（「**予言の自己実現**」）ということです。

　すなわち、考え方としてポジティブ思考（PMS）に基づき自分の**明確な夢や志を持つこと**ですね。

　そのとおりです。

②　考え方と因果律

😊　**「考え方と因果律」**はどのような関係にありますか。

😎　考え方は**正しい方向性**を決める非常に重要な要素です。このために最重要な考え方は人生というドラマを織りなす緯糸としての**因果律（善因善果・悪因悪果）**です。すなわち、**結果はコントロールできないがその原因としての思考や行動はコントロールできます。**このように、自己の能力を最大限に発揮するためには因果律に基づいてポジティブ MS で自己効力感や自信を持つことが大切です。

😊　因果律を考慮して正しい考え方をすることが大事なのですね。

③　成功脳の作り方

😊　成功に関連して「考え方と成功脳の関係」について教えて下さい。

😎　成功脳を持ち、勝ち癖をつければ成功し幸せになれます。ここで**「成功脳」**とは成功しやすい脳のことで、**成功脳の作り方と強化の方法**は図表 4-3 のようなものがあります。

😊　これらの方法を活用して成功したいと思います。

😎　是非ご活用下さい。

図表4-3　成功脳の作り方と強化方法

(1)【思考】
- ネガティブ思考ではなく、ポジティブ思考（ポジティブMS）を持つこと
- 真我（本当の自己）を知ること
- 明確な意思・価値観・信念などについて自分軸を持っていること
- 順境でも逆境でも自信、自己肯定感や自己効力感を持つこと
- 弁証法的な思考法であること
- 積上思考ではなく逆算思考（バックキャスティング）であること
- 固定思考でなく成長思考で、反省思考でなく改善思考であること
- 過去志向ではなく未来志向であること
- 肯定的な自己宣言（アファメーション）・単語法・セルフトーク（「絶対に大丈夫！」などの自分に励ましの声をかけ続けること）を活用すること
- 自分を愛し褒め自分への思いやり（自愛：セルフ・コンパッション）を続けることなど

(2)【目標と実践】
- 良い意味で常識に囚われないこと
- 期日を明確化し締切効果（DLE）を活用すること
- 三断力（判断・決断・断行）を持っていること
- 職務の自己目的化（自分事化）をすること
- やり抜く力を発揮すること
- 達成可能な細分化された小さな目標を設定し、その達成に努力すること
- 日常的に小さな努力を継続していくこと
- （日常的な小さな）成功を積み重ね学習性自己効力感を身に付け、自信・自己成長感・自己肯定感・充実感・達成感を感じ、勝ち癖をつけること
- 逆境力を持つこと
- できない言い訳を考えるより、どうしたらできるかを考えること
- 死生観を持ち、人生の目的を明確化すること
- 夢や目標を自分で立てて、その実現に向けてワクワクしながら情熱的に楽しく行動すること
- 成功を明確にありありと視覚化・**映像化（ビジュアライゼーション）**すること
- 潜在意識を活用すること
- やることリスト（to-do list）を作成し重要なものから処理すること
- 幸運を引き寄せることなど

（2）　積極性

　「積極性」について説明して下さい。

　積極性に関しては既に本文中で詳しく説明しているので、そちらを参照して下さい。なお、積極性ないしモチベーションについては一時的なものではなく、**継続的・持続的な積極性**すなわち**積極性習慣を身に付ける**ことが非常に大切です。この場合、大切な場面で自己の強い意志で積極的なやる気を出して、自己の能力を十分に発揮することが重要です。

　わかりました。

（3）　実践力

①　実践力

　「実践力」はどのように発揮すれば良いでしょうか。

　「人生は実践を伴った勇気ある挑戦をするかしないかのいずれか」です。そして、本当の成功は明確な目標の設定と日々の努力という実践によってもたらされます。

　この世の中においてはインプットとしての**理論**（セオリー）・知識も大切ですが、それ以上にアウトプットとしての**実践**（プラクティス）が重要であり、ただ単に多くの知識を持っているだけでは人生に何の役にも立ちません。そこではあくまでも知識

を実践し、それができること（「**知っている → やっている → できている**」）が夢を叶え幸せな人生を送るためにはとても重要です。

　成功するためにはそのための積極的なマインドセット（PMS）を習慣（**思考習慣**）とすると同時に、それを積極的に実践すること（**行動習慣**）が大切です。以上のように知行合一的な「**理論¹と実践のバランス**」「理論とその活用（実践）」「**実践を重視する考え方（実践哲学）**」がとても大切です。

　この場合、この実践力は知識・技能・気力・体力などの総合力であり、それらが不足する場合には、成長思考に基づいて自己の能力を伸ばしていくことが大切です。それゆえ、例えば、知識や技能が不足する場合には、読書やセミナーなどへの参加や実践を積み重ねることなどによって常に補強し続け、自己が成長し続けていくことが大切です。

👧　社会においては特定の専門家としてその能力を発揮することが期待されていますね。

🧓　そのとおりです。それゆえ自己の専門能力を卓越したレベルまで常に磨き続けることが大切です。このような自己の知識への投資（**教育投資**）は、**健康投資**と並んで最もローリス

---

1 知識は論理を司る大脳新皮質の脳（理論脳）の働きにより活用されるものです。読書や経験などによって多くの知識や体験を蓄積することはアイデアや創造力を発揮するための引き出しを多くするのに有効な方法です。

ク・ハイリターンの**人生の 2 大自己投資**です。

② 知識・実行・できること

 「実践」において「知識・実行・できること」はどのような位置づけですか。

 人生においては、㋐**知識**、㋑**実行**と㋒**できること**を区別することが大切です。すなわち、まず知識と実行とできることは明確に区別されます。単なる知識は人生においては全く役に立ちませんし、それができなければ無いのと同様です。最終的にはできなければ結果を伴いません。何事も実践し、最後まで諦めずに信念を持ってやり遂げることが大切です。

 実践し最後までやり遂げることが大切なのですね。

 そのとおりです。

（4） 縁

 成功の方程式において「縁」はどのように位置づけられていますか。

 この世の中はすべて縁起の法によって遂行されています。それゆえ、自ら様々な場所に出向くことによって、他者や物事との出会いの機会を多くし、それを大切にし、自己が相手

の繁栄に協力できることを示し、共に繁栄しウインウイン関係となるような良好な関係を築く（育縁）という**人や社会と良好に繋がる力**がとても重要です。このような人や社会との良好な関係は自己の快適な生存環境を広め、夢を叶え幸せな人生に導きます。

 特に**良好な人間関係は多くの良縁や幸運**をもたらし、人生において絶大なる影響をもたらすということですね。

 そのとおりです。

POINT

成功の構成要素

① 考え方としてはポジティブ思考に基づき**明確な夢や志を持つこと**が大切です。また、**正しい方向性**に導くために**因果律を考えることが**重要です。

② 積極性については**継続的な積極性（積極性習慣）を身に付ける**ことが非常に大切です。

③ 成功するためには積極的なマインドセット（PMS）を習慣（**ポジティブ思考習慣**）とすると同時に、それを積極的に実践すること（**ポジティブ行動習慣**）が大切です。すなわち、「**理論と実践のバランス**」「実践を重視する考え方**（実践哲学)**」がとても大切です。

④ 共に繁栄しウインウイン関係となるような良好な関係を築く（育縁）という**人や社会と良好に繋がる力**がとても重要です。

むすび

　以上のように、第1章では**自分軸・マインドセット・習慣**という3つの視点を中心として「人生の座標軸としての自分軸」について説明してきました。特に自分軸については、①因果律、②真我、③死生観、④人生の目的、⑦成功・成長などについて明らかにしました。

　また、第2章の「人生の法則」では因果律、健康、一切唯心造、自他一如、慈愛などについて説明しました。そして、第3章の「恋愛」では恋愛について説明してきました。さらに、第4章の「成功の方程式」では成功し幸せになるための考え方、積極性、実践力、縁について説明してきました。

　これまでのお話の中で人生における「生き方として最も重要なもの」は何ですか？

　これまでお話ししてきた中で**人生において人生の法則に基づいて生きる場合、最も重要な「生き方の5大重要事項」**は図表5-1のとおりです。

　第①に私たちの**人生というドラマを織りなす経糸と緯糸としての人生の法則**として**縁起の法**と**因果律**が**支配**しているという

図表5-1　生き方の5大重要事項

自分軸に基づく**生き方の5大重要事項**

① 【人生の法則】 因果律 (縁起の法)	② 【真我とは】 心身説 ないし**魂説**	③ 【死生観】 夢・志の確立	④ 【人生の目的】 自己完成 (自己実現+社会貢献)	⑤ 【成功の方程式】 積極的な実践力 (継続的な努力)	成功 幸福

(出所) 岩崎・四海、219頁

ことです。このような法則から人間関係や環境との良好な関係性を保ち、善いことだけを考えかつ行動することが大切です（善因善果）。

　第②に人生を生きる上で、その前提として知らなければならないこととしての**本当の自己（真我）とは何者か**ということを深く考えることです。成功者で幸せな人生を送っている人たちは心身説の他に、より深い考え方ができる**魂説**によっている場合も少なくありません。この説によれば、エゴの統制が容易となり、また、心身を常にベストで健康な状態に保てるので、心の平安が保てより成功しより幸せになりやすくなります。

　第③に人生の生き方に決定的な影響を与えるものとして、死と真剣に向き合うという心的な外傷後の人間的な成長（**心的外傷後成長**）に基づき**死生観を確立**し、人生の終わりからもう一度この儚く掛け替えのない１回だけの人生を見つめ直し、自己

の夢や志を確立し、その達成を目指して日々密度の濃い充実した時間を過ごすことができるか否かが、成功し幸せに生きられるかどうかを決定する最重要なものです。

第④に**人生の目的**をしっかり考えることです。ここでは非常に抽象的な人生の目的として、㋐心豊かに自分らしい自己の個性を生かしながら精一杯、継続的な上への努力によって進化向上し、実り多く幸せな人生を送るため（「**自己実現**」）であると同時に、㋑その**生き方**として、世のため人のためという社会貢献を常に同時達成していくこと（「**自己完成**」）です。

第⑤にこの世の中において最も重要な人生の生き方としては**成功の方程式**に掲げられている**積極的な実践力**を発揮することです。人生において成功し幸せな人生を送るためには、常に明るく前向きで積極的に物事を考え、実践していくことが重要です。先知後行ではなく、知行合一の考え方とその実践が人生では最も大切な真理です（岩崎・四海、218-220頁）。

本書で説明した正しい自分軸・ポジティブ・マインドセット（PMS）・多くの良い習慣と人生の法則とを活用して成功し幸せな人生を送って下さい。

最後までお付き合い頂き有難うございました。皆様に健康と成功と幸せを……！

なお、本書に関する感想・講演会などについての問い合わせなどは、出版社を経由するか、またはホームページ（岩崎哲学研究所：https://saita2.sakura.ne.jp）を参照して下さい。また、幸せや人生哲学に関心がある人は、岩崎勇『幸せになれる「心の法則」』、岩崎勇・四海雅子『哲学　輝く未来を拓くために』以上、幻冬舎を併せてご購読下さい。

〈著者紹介〉

岩崎 勇（いわさき いさむ）

略歴

明治大学大学院経営学研究科博士後期課程単位取得
現在：岩崎哲学研究所所長・九州大学名誉教授・大阪
商業大学特任教授
財務会計研究学会副会長・グローバル会計学会常務理
事・国際会計研究学会理事・日本簿記学会理事・日本
会計史学会理事・会計理論学会学会賞審査委員・日本
会計研究学会評議委員等

著書論文

『幸せになれる「心の法則」』、『哲学　輝く未来を拓く
ために』（共著）、『人生の法則』（共著）（以上、幻冬
舎）、（文部科学省検定済教科書）『新訂版 原価計算』
（監修）、（文部科学省検定済教科書）『現代簿記』（監
修、以上、東京法令出版）、『AI 時代に複式簿記は終
焉するか』、『基本財務会計』、『IASB の概念フレー
ムワーク』（編著）、『IFRS の概念フレームワーク』、
『キャッシュフロー計算書の読み方・作り方』、『経営
分析のやり方・考え方』、『新会計基準の仕組と処理』、
『新会社法会計の考え方と処理方法』（以上、税務経理
協会）等の多数の本、及び「IFRS の概念フレームワー
クについて―最終報告書」（編著：国際会計研究学会
研究グループ）、「会計概念フレームワークと簿記―最
終報告書」（編著：日本簿記学会簿記理論研究部会ス
タディ・グループ）等の多数の論文

その他

税理士試験委員や福岡県監査委員を歴任、FM 福岡
QT PRO モーニングビジネススクール（講師）、また
哲学、会計、税務、コーポレート・ガバナンス、監査
等のテーマで講演会等の講師を務める。

四海 雅子（しかい まさこ）

略歴等

九州大学大学院経済学府産業マネジメント専攻修了
現在：岩崎哲学研究所副所長
『哲学　輝く未来を拓くために』（共著）、『人生の法則』
（共著）（以上、幻冬舎）
「哲学」「人生論」「幸福論」「温かいまちづくり」など
をテーマに人・経済・地域の活性化、公益法人等、士
業の社会貢献などについて研究中

人生の法則

2023年2月15日　第1刷発行

著　者　　　岩崎 勇
　　　　　　四海 雅子

発行人　　　久保田貴幸

発行元　　　株式会社 幻冬舎メディアコンサルティング
　　　　　　〒151-0051　東京都渋谷区千駄ヶ谷4-9-7
　　　　　　電話　03-5411-6440(編集)

発売元　　　株式会社 幻冬舎
　　　　　　〒151-0051　東京都渋谷区千駄ヶ谷4-9-7
　　　　　　電話　03-5411-6222(営業)

印刷・製本　　中央精版印刷株式会社

装丁・装画　　野口 萌

検印廃止
© ISAMU IWASAKI, GENTOSHA MEDIA CONSULTING 2023
Printed in Japan
ISBN 978-4-344-94405-3　C0095
幻冬舎メディアコンサルティング HP
https://www.gentosha-mc.com/